"Como um professor Zen realizado que também é um poeta, Norman Fischer entende o poder da imaginação. Se a realidade não é fixa, deve ser reimaginada vez após vez, e não há lugar onde percebemos isso mais claramente do que na história dos grandes mestres Zen.

O livro nos mostra a diferença entre as religiões sem imaginação e a visão aberta a possibilidades que as autênticas religiões permitem. Ele nos ensina como desenvolver a imaginação – uma disciplina da imaginação – que nos mostra como ver o mundo de outro jeito.

A discussão de Fischer sobre a prática é incrivelmente habilidosa, aperfeiçoada durante décadas de engajamento pessoal. Nós temos um vislumbre da diferença entre a prática religiosa imaginativa e uma prática que, ironicamente, é estultificante.

Trabalhando a partir das seis perfeições budistas, ele pergunta não somente o que cada paramita é, mas como ela pode ser imaginada hoje e como nós podemos começar a praticá-la de forma criativa. Cada seção no livro é concluída com práticas, fornecendo exemplos do que podemos utilizar esses ensinamentos budistas em nosso próprio tempo e espaço.

Uma contribuição única para uma dimensão vital do budismo, escrita por alguém que há muito tem praticado o que está ensinando. Altamente recomendado."

Dale S. Wright, autor de As Seis Perfeições:
Budismo e o Cultivo do Caráter e O que é
Iluminação Budista?

©2019 by Norman Fischer

Título original: *The world could be otherwise: imagination and the Bodhisattva path*

Publicado mediante acordo com Shambhala Publications, Inc.

Todos os direitos desta edição são reservados:
©2020 Editora Lúcida Letra

COORDENAÇÃO EDITORIAL: Vítor Barreto
COORDENAÇÃO DE TRADUÇÃO: Valeria Sattamini
TRADUÇÃO: Eliane de Souza Pastorello, Ivamney Augusto Lima, Mirian Magami, Rodrigo Lopes Azeredo, Valeria Sattamini
PREPARAÇÃO DE TEXTO: Francesca Sperb Machado
REVISÃO: BRUNA POLACHINI
PROJETO GRÁFICO, CAPA E DIAGRAMAÇÃO: Aline Paiva

1ª edição 02/2021, 2ª tiragem 07/2022

Dados Internacionais de Catalogação na Publicação (CIP)

F529m   Fischer, Norman.
            O mundo poderia ser diferente : imaginação e o caminho do bodisatva / Norman Fischer. – Teresópolis, RJ : Lúcida Letra, 2021.
            240 p. ; 23 cm.

            Inclui bibliografia.
            ISBN 978-65-86133-20-2

            1. Budismo e imaginação. 2. Generosidade. 3. Conduta ética. 4. Paciência. 5. Empenho. 6. Meditação. 7. Compreensão. I. Título.

            CDU 294.3:159.954

Índice para catálogo sistemático:
1. Budismo e imaginação   294.3:159.954
(Bibliotecária responsável: Sabrina Leal Araujo – CRB 8/10213)

O MUNDO PODERIA SER DIFERENTE

Imaginação e o caminho do bodisatva

Norman Fischer

Lúcida Letra
Editora interdependente

Todo homem vive em dois reinos, o interno e o externo. O interno é aquele reino de fins espirituais, expresso na arte, literatura, moral e religião. O externo é aquele complexo de dispositivos, técnicas, mecanismos e instrumentalidades por meio das quais vivemos. Nosso problema hoje é que permitimos que o interno se perdesse no externo. Permitimos que os meios pelos quais vivemos superassem os fins para os quais vivemos. Muito da vida moderna pode ser resumido na frase cativante do poeta Thoreau: "Meios melhores para um fim não melhorado". Esta é a situação séria, o problema profundo e assustador que o homem moderno enfrenta. Se quisermos sobreviver hoje, nosso "atraso" moral e espiritual deve ser eliminado. Poderes materiais aumentados significam perigo ampliado, se não houver crescimento proporcional da alma. Quando o "exterior" da natureza do homem subjuga o "interior", nuvens escuras de tempestade começam a se formar pelo mundo.

    Martin Luther King Jr., da Palestra do Nobel,
    11 de Dezembro de 1964

Chame o máximo que puder
De amor, de respeito e de fé
Ouça os ensinamentos dos gentis Budas
Ensinados para o bem do mundo,
destinados aos espíritos heroicos

    Verso de abertura do *Sutra Prajnaparamita*
    em Oito Mil Linhas e Seu Verso Síntese,
    traduzido por Edward Conze

Eu não tenho certeza de nada além do afeto do coração e da verdade da Imaginação.

    John Keats

Sumário

1. IMAGINAÇÃO   12

    O que é imaginação?   18
    Budismo e imaginação   21
    Imaginação é sentir pelo outro   25
    O caminho do bodisatva   27
    O entendimento do bodisatva, de si mesmo e dos outros: compaixão   30
    Prática   33
    Imaginação e o caminho do bodisatva: seis perfeições   35

2. A PERFEIÇÃO DA GENEROSIDADE   40

    Como se abrir   44
    Agindo generosamente   46
    Upaya – Meios hábeis   48
    Dando ensinamentos   51
    Destemor   53
    O mundo como uma oferenda   54
    Generosidade é vazia de generosidade   56
    Não há eu ou você   58
    Dedicando o mérito   60
    Dogen sobre a perfeição da generosidade   61
    Versos sobre a perfeição da generosidade   63
    Práticas   65

3. A PERFEIÇÃO DA CONDUTA ÉTICA   72

    Conduta ética e meditação   74
    Os fundamentos da conduta ética   75
    Evolução   79
    Preceitos   80

Pesar e arrependimento	87
A prática do perdão	88
Carma	90
A vacuidade da conduta ética	94
Dogen sobre a perfeição da conduta ética	95
Versos sobre a perfeição da conduta ética	96
Práticas	98

4. A Perfeição da Paciência — 102

Estar com a dificuldade	104
Paciência com dificuldades pessoais	108
Paciência com o sofrimento em relação a outros: raiva	109
O que é raiva?	112
Praticando com a raiva	115
Conflito: a prática avançada da paciência	119
Conflito é amor	123
Paciência com a verdade sobre nossa vida humana	125
Paciência é vazia de paciência	126
Dogen sobre a perfeição da ação benéfica	127
Versos sobre a perfeição da paciência	128
Práticas	131

5. A Perfeição do Alegre Empenho — 136

Visão binocular	138
Preguiça	139
Praticando o alegre empenho	143
Alegre empenho em todas as condições	146
Desejo	149
Voto	152
Integridade	154
Coragem	156
Esperança	157
Alegre empenho é vazio de alegre empenho	158

Dogen sobre a perfeição do alegre empenho — 159
Versos sobre a perfeição do alegre empenho — 161
Práticas — 164

6. A Perfeição da Meditação — 166

Tripé — 168
Shamata - meditação da quietude ou concentração — 170
Outras técnicas — 173
Vipassana – meditação do *insight* — 174
Insight sobre o que? — 176
Shantideva sobre a meditação — 178
Atenção plena — 181
Meditação zen — 183
Dogen sobre a meditação Zen — 186
A meditação Zen como prática da imaginação — 190
A perfeição da meditação — 193
Versos sobre a perfeição da meditação — 194
Práticas — 196

7. A Perfeição da Compreensão — 200

Palavras — 202
Compreensão, sabedoria e amor — 204
Vacuidade — 208
O Zen e os ensinamentos sobre vacuidade — 213
Vacuidade, autorreflexão e humor — 217
Existe tal coisa como a verdade? — 220
Dogen sobre a perfeição da compreensão — 226
Versos sobre a perfeição da compreensão — 227
Práticas — 230

Agradecimentos — 232

Notas — 236

Sobre o Autor — 239

1. Imaginação

Aqui vai uma história sobre como a imaginação muda o mundo, mesmo nas piores circunstâncias possíveis. Ela envolve o poeta surrealista Robert Desnos.

Desnos era judeu. Durante a Segunda Guerra Mundial, ele virou clandestino para lutar pela Resistência. Ele foi capturado e enviado aos campos de concentração.

Um dia, junto com muitos outros homens, Desnos foi colocado na carroceria de um dos caminhões que transportava os prisioneiros. Os homens sabem perfeitamente para onde estão indo. Os caminhões sempre saem cheios e voltam vazios. Seu destino são os fornos e as câmaras de gás.

Ninguém fala na carroceria. O clima é resignado, abatido. Olhos baixos. Rostos sombrios.

Quando o caminhão chega, os prisioneiros descem devagar e silenciosamente, como num sonho. Os guardas, normalmente cheios de piadas e brincadeiras, ficam quietos, incapazes de evitar o mau humor dos prisioneiros. Mas esse silêncio quase religioso é interrompido abruptamente. De repente, um dos homens na fila de prisioneiros, salta, com grande animação, se vira e segura a mão do homem atrás dele. Surpreendentemente, seu nariz quase tocando a mão dele, seu corpo retorcido com uma energia intensa, ele começa a ler a palma da mão dele.

"Estou tão animado por você!", ele exclama alegremente. "Você vai viver uma vida muito longa! Você vai ter três filhos! Uma linda esposa! Riqueza! Que fantástico! Que maravilhoso!"

Sua excitação é contagiosa. Primeiro um homem, depois outro, em choque e perplexidade, lhe confiam sua mão. Cada um

Imaginação

recebe o mesmo tipo de previsão: vida longa, filhos, riqueza, carreira excitante, belos arredores, paz, felicidade, sucesso, alegria infinita.

Enquanto Desnos lê palma após palma, a atmosfera do momento – inicialmente gota a gota e então como numa súbita onda gigantesca, quebrando de uma só vez – completamente se transforma. Os prisioneiros estão sorrindo, gargalhando, batendo nas costas um do outro, seu fardo suspenso, sua realidade transformada.

Ainda mais surpreende, os guardas também são afetados. Como os prisioneiros, eles viviam um período sombrio no qual a marcha de homens para o massacre era uma ocorrência normal e aceitável no dia a dia. Mas, com esse acontecimento absurdo e sem precedentes, essa evocação gratuita e repentina de uma realidade alternativa, o feitiço é quebrado. Os guardas estão desorientados, confusos. A realidade que eles estavam vivendo até então foi de alguma forma repentinamente posta em dúvida, quase destruída. Eles não estão mais certos do que é real ou não. Talvez suas melhores naturezas – há muito suprimidas em um esforço para se conformar à loucura nazista que definia seu mundo, há muito entorpecidas pela dor, a culpa, o horror – foram sacudidas pelo poderoso comprometimento de Desnos com sua absurda, mas talvez não absurda, visão. Quem sabe? Eles estão, em todo caso, tão descompostos pela divertida cena em frente a eles, que não sabem mais o que fazer. Não podem continuar com as execuções. Então, eles conduzem os prisioneiros de volta ao caminhão e os mandam de volta.

Por meio desse espontâneo exercício de imaginação – precisamente o tipo de jogada que Desnos constantemente usa em sua poesia – ele e esses homens foram salvos da execução.

Desnos sobreviveu aos campos, mas tristemente não sobreviveu à guerra. Ele morreu de tifo alguns dias depois de ser solto.

Soube dessa história pelo poeta Alan Bernheimer, um tradutor de Desnos, que a herdou da escritora Susan Griffin, que ouviu da sua amiga Odette, que é escritora e uma sobrevivente do Holocausto. Quando a ouvi pela primeira vez, fiquei tre-

mendamente comovido. Mas então pensei, é verdade? Aconteceu de verdade? Parece boa demais para ser verdade. Eu não conheço Susan Griffin, mas a contactei para perguntar. Ela me disse que acreditava na história. Odette, Susan me escreveu, não testemunhou o evento, mas ela ouviu de pessoas que disseram ter presenciado.

Por semanas, carreguei a história em meu coração, como um koan Zen, me perguntando sobre ela, revirando-a seguidamente em minha mente. Um dia eu tive uma realização: claro que era verdade! Definitivamente, absolutamente, verdade. De um jeito ou de outro, aconteceu.

A imaginação é poderosa. Ela cria sua própria verdade que valida a si mesma, forte o suficiente para causar transformações internas e externas. Quando digo que estou absolutamente certo de que essa história de Robert Desnos é verdade, não quero dizer que estou certo dela como uma ocorrência objetivamente verificável. Quero dizer que a história, enquanto história, é certamente verdade. Eu sinto sua verdade e ela me transforma, porque expressa algo essencial sobre quem somos como seres humanos.

A imaginação é poderosa. É essencial para nossa humanidade. A Bíblia e outros textos religiosos, contos populares, mitos, rimas, poemas, peças, novelas, anedotas, música, rituais, pinturas, sonhos – todas as produções imaginativas emergem do inconsciente para expandir a alma, para ajudar-nos a sentir quem realmente somos e o que o mundo realmente é. Elas nos ajudam a ir além da perspectiva unidimensional habitual de nossas percepções exteriores e emoções aflitivas. A imaginação não é uma fuga da realidade. A imaginação aprofunda e enriquece a realidade, acrescentando textura, profundidade, dimensão, sentimento e possibilidade. A verdade é: tudo o que é criativo e nos enobrece é, em última análise, objeto da imaginação. Sem a imaginação, a realidade é muito plana, muito pragmática, desprovida de cor e fervor. Para ir além do possível até o impossível, precisamos imaginá-lo.

O século 21 é movimentado e duro. Para as pessoas privilegiadas, com carreiras exigentes, vida social, famílias e miríades

de interesses, a vida é melhor do que jamais foi. Mas também é, talvez por causa disso, mais difícil, mais estressante e mais exigente. As possibilidades de crescimento e realização são perturbadoras: a pessoa tem que ser mais, saber mais, experimentar mais, se divertir mais. E tudo isso numa escala cada vez mais acelerada. É difícil respirar.

Para a maioria das pessoas, sem grandes expectativas, uma vida decente parece mais distante do que nunca. Dez por cento da população mundial tem noventa por cento da riqueza, deixando os outros noventa por cento lutando para sobreviver. Para a grande maioria das pessoas, a luta diária para sobreviver em circunstâncias sociais e econômicas cada vez mais penosas é incessante. Mais e mais pessoas simplesmente não conseguem lidar.

Privilegiados ou não, estamos todos cientes do mundo lá fora por meio das notícias atualmente onipresentes da mídia, que se tornou o nosso sistema nervoso coletivo, chamando nossa atenção com constantes trancos de informações, verdadeiras e falsas, sobre problemas políticos, econômicos e sociais. Isso se torna a substância de nossas psiques e conversas. O que o futuro irá trazer? Como será o mundo para nossos filhos e netos? Haverá um mundo? O temor enche o ar. Às vezes, nós o sentimos. Na maioria das vezes, não nos deixamos sentir. É demais. O que realmente podemos fazer?

Estou convencido de que o mundo poderia ser, e na verdade é, diferente – que suas possibilidades não precisam ser, e na verdade não são, limitadas ao tangível, ao conhecido, ao negociável e aos dados que estamos constantemente coletando sobre praticamente tudo o que é mensurável. Dados nos dão a ilusão de que conhecemos o mundo. Mas o mundo é mais do que conhecemos.

A imaginação não mede, concebe ou instrumentaliza. Não define ou manipula. Em vez disso, sua natureza é abrir, mistificar, encantar, chocar e inspirar. Ela se estende sem limites. Ela salta do conhecido para o desconhecido, elevando-se além dos fatos. Ela torna leve o mundo pesado e circunscrito que pensamos habitar. Ela atua nas profundezas, onde o coração e o amor dominam.

A prática espiritual é um dos lugares-chave da imaginação. Eu não vejo uma grande distinção entre espiritualidade e religião, como muitos pensam hoje em dia. Para mim, a prática espiritual é simplesmente religião autêntica, conectada à observação e à experiência, além de ideologia e de crença. Percebo que minha visão é incomum. Muitas pessoas em nosso tempo, tendo sido criadas sem nenhuma religião, naturalmente sentem que a religião é estranha, desnecessária e antiquada. Muitos outros fogem da religião porque foram criados em uma atmosfera religiosa que pareceu dedicada a nos fazer temer qualquer coisa arriscada, alegre ou aberta, mantendo-nos seguros no caminho correto e estreito. Estudei ensinamentos e práticas religiosas em diversas tradições e estou convencido de que, em sua profundidade, não é isso que a religião deveria fazer. A religião deveria nos ajudar a viver mais completamente dentro de nossa imaginação humana. Fazendo isso, ela fornece uma força contrária à gravidade de um mundo humano que sempre esteve cheio de problemas e conflitos. Karl Marx celebremente chamou a religião de ópio do povo. Mas ele também a chamou de "o coração de um mundo sem coração".[1]

Existe uma razão pela qual Marx se opôs à religião. A religião teve uma história turbulenta. Quando uma religião se torna muito bem-sucedida, ela inevitavelmente se torna uma ortodoxia, uma marca, e seus ensinamentos e práticas, antes provocativos, se tornam debilitados. Em vez de desafiar a sociedade e os indivíduos a serem melhores, uma religião de sucesso se alinha a instituições sociais poderosas para reforçar os valores da sociedade. Isso, por si só, não é algo ruim. Melhor para uma sociedade ser domada por valores religiosos humanos do que ser puramente corrupta e ávida por poder. Mas logo, inevitavelmente, as instituições religiosas, com muito a proteger, se tornam opressivas, limitadas e retrógradas. Quando uma religião pensa que faz sentido negar verdades científicas aceitas e se alinhar com grupos sociais não-liberais cujas ideologias suprimem outras, podemos ver que algo deu muito errado. Então, não é surpresa que a religião tenha parecido tão

negativa a Marx e a tantas pessoas no presente. Muitos ficaram machucados por seus piores excessos.

Ainda assim, mesmo no seu pior, a religião tem uma chama acesa de selvageria escondida em seu lado contemplativo, místico – em textos, ensinamentos, práticas e experiências que vêm das extensões inexploradas da imaginação humana, o coração e a alma da religião. A palavra *espiritual* evoca esse lado essencial e poderoso da vida religiosa, a fonte da criatividade, a nascente da qual sonhadores e visionários do mundo bebem. Eu escolho conservar a palavra e a ideia de religião porque, apesar de seus muitos pecados, as grandes religiões do mundo contêm uma riqueza de tradição, linguagens, práticas e rituais que não podemos nos dar ao luxo de descartar agora, quando precisamos delas mais do que nunca.

O que é imaginação?

O que é imaginação exatamente? Como os seres humanos podem conceber o impossível (bondade absoluta, beleza perfeita, verdade) e ansiar por ele? Como podemos ter sentimentos apaixonados sobre coisas imaginárias intangíveis, como liberdade e justiça? Como vemos sem olhos, desejamos sem objetos, ouvimos música onde não há música e então criamos a música que existe? Como concebemos histórias que nunca aconteceram, imagens que ganham vida a partir de superfícies planas? O que é essa estranha capacidade humana?

A imaginação expande nossos corações e mentes. Ela traz inovação à tona: artística, científica, social. Ela gera mito, cultura, religião e progresso material. Todo idealismo e visão moral dependem da imaginação, assim como o amor. Ir além de suas próprias necessidades materiais e práticas para cuidar amorosamente do outro é o maior gesto que podemos imaginar. O amor não é racional ou prático. Não é impulsionado por dados ou performance. Embora possa incluir necessidades animais ou psicológicas, suas raízes são mais profundas.

Mas a imaginação tem um outro lado. Ela também é enganosa e destrutiva. A imaginação pode distorcer a realidade, nos preenchendo com distração e confusão. Uma dose muito forte de imaginação pode levar à loucura. Paranoia é a imaginação descontrolada. Graças à imaginação, podemos desejar o que nunca poderemos ter e, portanto, ficamos constantemente insatisfeitos, até mesmo enlouquecidos. A imaginação nos leva a atos destrutivos, inflando nosso medo ou grandiosidade além de qualquer medida. Sem a imaginação não haveria armas, guerras ou genocídios. Para construir a bomba atômica, para perpetrar holocaustos, tivemos que imaginá-los e então imaginar os meios técnicos que os fizeram possíveis.

Não é de surpreender então que para Platão e para outros pensadores gregos, a imaginação fosse suspeita. Imaginação, a inimiga da razão, era perigosa. Platão sustentava que o pensamento lógico e reflexivo era tudo o que era necessário para levar o coração à verdade e à bondade. Para ele, a imaginação era subversiva, sua atração e cor poderiam nos induzir ao erro. Ele celebremente excluía poetas de sua república ideal. (Aparentemente nunca ocorreu a ele que *A República* era, ela mesma, uma projeção imaginária.)

Gerações posteriores de filósofos viraram de cabeça para baixo a suspeita de Platão acerca da imaginação. No século 18, Immanuel Kant viu a imaginação como "um ingrediente necessário da percepção" e "uma faculdade fundamental da alma humana".[2] Ele viu a imaginação como central para a consciência humana, literalmente criando o mundo que percebemos e habitamos. Kant chegou a essa visão porque, em seu tempo, havia ficado claro que nós não percebemos o mundo numa correspondência direta um por um. De fato, a percepção por si só, nosso sentimento e experiência de estar no mundo, envolve uma subjetividade criativa bruta. A consciência é mais do que uma máquina registradora de dados. Como a ciência cognitiva contemporânea confirma, a consciência é criativa. Nossos cérebros, nossas mentes, nossas experiências passadas e memórias, nossos corações, nossas almas criam o que vemos, ouvimos,

saboreamos, tocamos, cheiramos e sentimos. Nós, de fato, imaginamos o mundo.

O poeta inglês Samuel Taylor Coleridge foi a primeira pessoa de língua inglesa a viajar para o continente para absorver o novo pensamento que Kant expressava de forma tão persuasiva. Como um poeta, sempre apreciei a definição clássica de imaginação de Coleridge, uma referência importante sobre imaginação no pensamento ocidental:

> A IMAGINAÇÃO [que Coleridge coloca em letra maiúscula], então, eu considero tanto como primária, ou secundária. A IMAGINAÇÃO primária, eu considero ser o Poder vivo e o agente principal de toda Percepção humana, e como uma repetição na mente finita do ato eterno da criação no infinito EU SOU.[3]

De acordo com Coleridge, a imaginação "primária" cria o mundo em que vivemos, o lugar da jornada humana. Seres humanos, criados à imagem divina, imitam Deus em criar seu mundo com cada ato de percepção e pensamento. A imaginação "secundária" de Coleridge é o que usualmente pensamos como criatividade. Ela aprimora nossas almas, refinando e aprofundando nossas imaginações primárias. Para Coleridge, que foi treinado como um clérigo e como um poeta, a religião e as artes são as esferas nas quais a imaginação secundária funciona e se desenvolve. Coleridge distingue ainda as imaginações primária e secundária do que ele chama de fantasia. Se a imaginação é a função essencial da busca da realidade, a fantasia é o desejo pela realização de desejos, uma projeção da nossa natureza animal movida pelo ego. Como a imaginação, a fantasia nos liberta do peso esmagador de um mundo limitado. Mas ela não o faz de um modo positivo, criativo, mas em resposta aos nossos apetites e frustrações. Ela nos distrai, aumenta nossa insatisfação, nos leva a atos loucos e destrutivos. Ao fazer essa distinção, Coleridge parece ter resolvido o problema da natureza dupla da imaginação. Fantasia é a imaginação que é suspeita. Ela pode ser inofensiva, mas, se muito distorcida pelos impulsos humanos mais básicos,

pode se tornar equivocada. Imaginação, por outro lado, quando cultivada e refinada, sempre nos enobrece. É assim que entendo o que Coleridge está dizendo.

A noção de imaginação também é central no trabalho de Percy Bysshe Shelley, um poeta inglês romântico da segunda geração. Seguindo Colleridge, Shelley entende que o propósito da imaginação é o cultivo espiritual e moral da alma – não a mera produção de objetos atraentes, belos, divertidos ou até mesmo edificantes. Em seu famoso ensaio "A Defesa da Poesia", ele combina imaginação e poesia, ampliando a ideia de "poeta" para incluir não somente escritores, mas qualquer um cujo trabalho dependa da faculdade imaginativa, incluindo cientistas, legisladores e todos os inovadores sociais e morais. Para Shelley, a imaginação define nossa humanidade básica: ela é, escreve, "inerente à origem do homem", a fonte de toda bondade humana, de todo idealismo e amor. A razão está para a imaginação como "o instrumento está para o agente, o corpo para a alma", uma ajuda, uma ferramenta. A imaginação "levanta o véu da beleza oculta do mundo... E apreende sua misteriosa maravilha".[4]

Para Shelley, a imaginação trabalha de formas essencialmente misteriosas e desconhecidas, além da vontade ou intenção, "seus passos como os do vento sobre o mar". Movidos por forças internas que são mais do que podem conhecer ou controlar, aqueles que estão comprometidos com a imaginação têm a capacidade de perceber o que ainda não aconteceu – não por clarividência, mas por uma aparição de imagens mais difusa e mais potente, ideias e sentimentos que vão levar a humanidade adiante, para um futuro mais nobre. O sempre citado fim desse ensaio chama os poetas de "espelhos das sombras gigantes, que o futuro projeta sobre o presente... Os legisladores não reconhecidos da época".[5]

Budismo e imaginação

Eu fui criado praticando o judaísmo, uma tradição que amo e na qual permaneço engajado. Fui levado ao Zen Budismo por

Imaginação

volta dos vinte anos e o pratiquei desde então. Já que conheço mais sobre o budismo do que qualquer outra tradição religiosa (apesar de ser interessado por todas as religiões), uso as metáforas e práticas budistas como a base para o que quero dizer sobre a vida imaginativa. Acredito que poderia ter encontrado práticas e metáforas em qualquer outra tradição religiosa, que teriam alcançado o mesmo propósito. Outra pessoa poderia ter – talvez até já tenha – escrito um livro como esse usando a arte como a metáfora e prática central. Usar a espiritualidade como um eixo organizador tem a vantagem de tornar o conteúdo disponível para mais pessoas (você não precisa ser capaz de desenhar, escrever ou cantarolar uma melodia para se engajar nela) e de incluir a totalidade da vida interior e da conduta de uma pessoa, além de atividades ou práticas específicas.

Neste livro, eu prego o desenvolvimento da imaginação como uma necessidade para a sobrevivência humana e seu florescimento em tempos vindouros. A prática da imaginação deve ser mais do que uma boa ideia ou uma aspiração. Ela precisa de um caminho de desenvolvimento, um processo, uma disciplina para apoiá-la. Minha intenção é usar o que aprendi em uma vida inteira de prática budista – com contribuições também de meu trabalho de longa data como poeta – para propor um caminho imaginativo de prática espiritual que possa ser usado por qualquer um.

O ensinamento básico do budismo, desde sua origem, começa com uma sacada desconcertantemente simples: a vida é essencialmente insatisfatória e inevitavelmente cheia de sofrimento. No entanto, apesar disso, cultivar um caminho completo de prática espiritual pode acabar com a insatisfação e o sofrimento. As tradições teístas começam com concepções imaginativas do cosmos – um deus onipotente criando, do nada, este mundo decaído. Como uma religião não-teísta, o budismo começa no polo oposto – a dor humana e a necessidade de compreendê-la e superá-la.

A formulação mais básica do budismo são as quatro nobres verdades: sofrimento, originação, cessação, caminho.

Sofrimento: toda existência condicionada é caracterizada pela insatisfação e pelo sofrimento.

Originação: a insatisfação e o sofrimento se originam da falência da nossa imaginação em ver as coisas como realmente são.

Cessação: podemos cessar o sofrimento abrindo nossa imaginação à verdade de como as coisas são e, então, entrar na paz do nirvana.

Caminho: a forma de efetivar essa abertura é praticar o caminho budista da conduta correta, da compreensão correta e do cultivo correto da mente e do coração.

As primeiras escrituras descrevem Buda como um ser humano exemplar, que não reivindica nenhum status ontológico especial. Seus ensinamentos podem ser testados e verificados por qualquer um através da experiência pessoal, e qualquer um que diligentemente seguir o caminho ensinado por ele pode esperar cessar seu sofrimento, assim como Buda o fez.

Esse é um breve resumo dos primeiros ensinamentos budistas bastante diretos, sóbrios e práticos.

Mas, desde os primeiros tempos, havia também uma tendência mais selvagem, mais visionária e bem menos realista nos ensinamentos. Essa tendência se desenvolveu para o que viemos a chamar de budismo Mahayana. (A palavra Mahayana significa "grande veículo", em contraste com Hinayana, "veículo menor", o polêmico nome que os mahayanas deram aos ensinamentos iniciais.) Nas escrituras mahayanas que se difundiram em grande número, numa vasta extensão e com um brilho literário extravagantemente alegre, Buda não era mais um ser humano exemplar. Ele era um princípio cósmico eterno. Nessas escrituras, Buda não cessou meticulosamente o sofrimento e finalmente passou para o nirvana – ele fingiu morrer para apaziguar e encorajar as pessoas, cujo sofrimento esmagador as colocava numa necessidade temporária da paz incessante do nirvana, simples, precisa e final. De fato, Buda nunca entrou na passagem final ao nirvana. Como poderia? As escrituras Mahayana revelam que Buda é uma projeção imaginativa iluminada sem fim cujo próposito ilimitado era

Imaginação

o mesmo de cada ser humano. Esse propósito era a compaixão: o cuidado sem fim e a atividade salvadora que iria aliviar o sofrimento de infinitos seres através do tempo e do espaço. O Buda retratado pelas escrituras budistas mahayanas é a corporificação imaginária do amor. Cada pessoa, no fundo, é um buda em potencial.

Baseados nessa fervorosa visão, os ensinamentos Mahayana reformulam radicalmente o significado das quatro nobres verdades. Em vez de insatisfação e sofrimento como dores a serem eliminadas por um treinamento meticuloso do caminho, esse significado reformulado adquire um lugar novo e nobre como o próprio coração do caminho. O problema com a insatisfação e o sofrimento não é que eles sejam dolorosos, mas que nós entendemos mal sua natureza e propósito. O que torna o sofrimento doloroso é que o identificamos como "meu". De fato, o sofrimento que eu experiencio não é meu; é o sofrimento humano comum. Abraçando-o plenamente, eu o vejo como uma expressão da identidade radical de todas as coisas. Experimentando o sofrimento desse jeito, ele cessa. Ele se transforma em amor. Amando sem limites, me dedico aos outros e ao mundo.

Apesar do Zen Budismo ser uma escola Mahayana e seguir os ensinamentos Mahayana, o estilo Zen é pé no chão, conciso e bem-humorado. As histórias Zen se transformam em repentinos saltos de consciência imaginativos e voos de extravagância surrealista, como o de Desnos. Uma procura aleatória no *Livro da Serenidade*, uma coleção de cem histórias Zen da dinastia Song, ilustrará o estilo.

Numa história, o monge Magu, com seu bastão na mão, chega para visitar o mestre Zen Zhangjing. Magu circunda o assento de Zhanjing três vezes, sacode o bastão uma vez e fica parado diante dele. Zhanjing diz: "certo, certo". Magu então vai a Nanquan e realiza a mesma dança insolente. Nanquan diz: "errado, errado". Magu diz: "Zhanjing disse 'certo' – por que você diz 'errado'?". Nanquan diz: "Zhanjing está correto – você é que está errado. De qualquer modo, uma boa rajada de vento sopra em pedaços tanto o certo quanto o errado".[6]

Em outra história (esta da coleção *Blue Cliff Record*), Jianyuan e seu mestre Daowu fazem uma visita para prestar condolências. Jianyuan se debruça sobre o caixão e diz: "vivo ou morto?" Daowu diz: "Eu não posso dizer". Jianyuan diz: "Por que você não pode dizer?" Daowu repete, com alguma veemência: "Eu não posso dizer! Eu não posso dizer!" No caminho de casa, depois da visita, Jianyuan diz: "Sua Reverência, por favor, responda à minha pergunta. Se você não o fizer, baterei em você". Daowu não diz nada. Jianyuan bate nele e é expulso do monastério. Anos se passam. Daowu morre e Jianyuan vai a Shishuang, o novo abade, e repete a história e a pergunta: "Vivo ou morto?" Shishuang diz: "Eu não posso dizer! Eu não posso dizer!" Jianyuan diz: "Por que você não pode dizer?" Shianshuang repete: "Eu não posso dizer! Eu não posso dizer!" Com essas palavras, Jianyuan repentinamente se ilumina. Alguns dias depois, Jianyuan chega ao Salão do Dharma com uma enxada e caminha para frente e para trás como se estivesse cavando o solo. Shishuang diz: "O que você está fazendo?" Jianyuan diz: "Estou procurando pelos ossos de meu último mestre".[7]

Imaginação é sentir pelo outro

Há alguns anos, fui com um grupo de praticantes Zen, bons amigos, numa peregrinação ao Japão. Nós visitamos o monastério de Eihei-ji, um dos dois mosteiros-sede da nossa tradição Soto Zen. Lá, tivemos a sorte de ter uma audiência especial com o Reverendo Hoitsu Suzuki, filho do famoso fundador do Centro Zen de São Francisco, Shunryu Suzuki, autor de *Mente Zen, Mente de Principiante*. Naquela época, Hojo-san (como o conhecemos) era professor em Eihei-ji. Eu registrei alguma coisa do que ele nos falou naquela noite em meu poema-livro *Fuja Desta Vida Louca de Lágrimas: Japão, Julho de 2010*. Nesta breve passagem, Hojo-san expressa o misterioso relacionamento entre imaginação, compaixão e morte que existe no coração do ensinamento budista Mahayana:

Imaginação

Hojo-san: "Leste, oeste
uma pessoa de zazen
é o mesmo. a mente avó,
o bom coração, é a imaginação,
sentindo pelos outros
veja-os como você mesmo
pega a imaginação, a imaginação
expande o coração. um dia
acordei e ouvi som
nos dois ouvidos – de repente
perdi a audição. meus olhos
não funcionam bem tampouco. a idade está
lentamente derretendo meu corpo. com cada
perda há ganho:
meus ouvidos, meus olhos, mais meus
agora que nunca, antes não.
então quando eu perder minha vida para a morte
será minha vida pertencente a mim
mais do que jamais foi?"[8]

Esse é um ensinamento profundo. A imaginação expande o coração, nos levando a entender os outros como nós mesmos, e não como nos pertencendo. Isso ecoa as fortes palavras de Shelley: "O grande segredo da moral é o amor, uma saída de nós mesmos e uma identificação [com outros]... O grande instrumento do bem, da moral, é a imaginação".[9]

Há uma verdade quase impossível de se agarrar nisso. O que sentimos dentro – as correntes de significado e ausência de significado, do amor e da solidão, da possibilidade e da impossibilidade – é quase imensurável. Como poderemos algum dia compreender quem realmente somos e o que nos faz fazer o que fazemos, sentir o que sentimos? Apenas a imaginação é ampla o bastante para nos abrir para a cura profunda, na qual sentimos em nós mesmos os sentimentos dos outros.

Anteriormente, mencionei a ideia de Kant (e Coleridge) de imaginação como parte integrante da nossa consciência do mundo. O budismo Mahayana propõe um pensamento similar. O *Lankavatara Sutra* é um texto de particular importância no Zen.[10] Ele fala de *alayavijnana*, "depósito da consciência" – o

vasto substrato primordial de consciência que contêm as "sementes" de eventos passados cumulativos, que repousam em potencial até que os eventos presentes "os reguem", fazendo com que brotem.

Porque nossas vidas individuais surgem do depósito da consciência, elas estão sujeitas a forças – causas e condições, boas e ruins, humanas e não-humanas – que precederam nossos nascimentos, mas estão embutidas no fundo de nossas psiques, prontas para desabrochar adiante quando condições favoráveis estiverem presentes. No budismo Mahayana, o objetivo da prática muda de cessar o sofrimento pessoal para "revolucionar" o depósito de consciência – invertendo-o para que todas as causas de dor e sofrimento cessem para todos. Quando isso ocorre, o praticante não mais se identifica com um eu limitado. Ao contrário, a identidade é toda inclusiva, abrangendo a própria consciência, para que a compaixão natural por todos os seres vivos se torne um assunto pessoal fervoroso. Esse ensinamento se equipara ao que Hojo-san ensinou em Eihei-ji: transformar a mente, afastando-se do apego a si mesmo e indo em direção à identificação com os outros, um ato de suprema imaginação. É a maior conquista da imaginação e, como diria Shelley, seu propósito final.

O caminho do bodisatva

O budismo Mahayana ajustou a mitologia original do budismo para refletir a importância dessa conquista revolucionária da consciência. Como mencionado inicialmente, os mahayanas imaginaram Buda como um princípio cósmico, não como um ser humano sábio. Como tal, Buda estava além dos seres humanos e de seus problemas. Ele se tornou uma figura de fundo, benevolente, cujo trabalho foi capacitar e inspirar. No primeiro plano, o budismo Mahayana instalou uma nova figura de inspiração religiosa e salvação: o bodisatva.

Como tudo mais no budismo Mahayana, o bodisatva já existia nas escrituras iniciais. Nesses textos, o bodisatva era

Imaginação

uma pessoa destinada a se tornar um buda numa vida futura, era um buda em treinamento. Havia apenas um bodisatva, o Buda histórico em suas vidas pregressas, durante as quais sua principal prática era a devoção, o serviço e a compaixão. Essas histórias de vidas passadas eram folclóricas, descrevendo atos extravagantes de cuidado e autosacrifício. Graças a essas muitas vidas de prática altruísta, o bodisatva nasceu como príncipe Sidarta, que abandonou o lar para praticar meditação e que, por fim, despertou para se tornar o Buda da nossa era.

Os mahayanas elevaram esse tema do bodisatva às alturas. Como eles fizeram com muitos outros ensinamentos originais, eles o expandiram exponencialmente. Agora não havia apenas um bodisatva, mas incontáveis bodisatvas. Não havia apenas Buda, mas incontáveis budas ensinando em incontáveis mundos. Tomando a ideia de compaixão e preocupação com os outros como a essência da vida do bodisatva, eles colocaram a figura do bodisatva no próprio coração da concepção dos ensinamentos. Apesar de ser ainda um ávido estudante em treinamento, e não um sábio realizado, o bodisatva se movia das beiradas para o centro do palco do Dharma. Bodisatvas tomaram votos de ser devotados a infinitos budas e de servir a infinitos seres – a cada um dos quais era destinado o direito de um dia se tornar um buda.

Os bodisatvas Mahayana são os "coelhinhos da Duracell" do budismo. Inocentes e entusiasmados, eles fazem um esforço infinito para fazer práticas infinitas e realizar benefícios infinitos pelos outros. Bodisatvas ficam felizes em adiar seu próprio despertar até que todos os outros seres sencientes sejam salvos. Nos muitos sutras e tratados que mencionam o ideal do bodisatva, o budismo indo-tibetano criou um maravilhoso, extravagante, idealista e inspirado retrato de um ser humano perfeito, cujo amor e entusiasmo é literalmente ilimitado.

Todos os ideais são projeções imaginadas. Embora possamos concebê-los, eles não podem existir nesse mundo imperfeito. Mesmo assim, eles são valiosos. Precisamos de ideais para nos impulsionar para um futuro melhor, para nos inspirar a

ser pessoas melhores num mundo melhor. Religiões são sempre idealistas, para nos inspirar a sermos mais do que somos, mais do que jamais poderíamos ser. Acalentamos ideais como ingredientes essenciais de nossa humanidade. Sem eles, lentamente perdemos energia. Nos tornamos entediantes, mesquinhos e, por fim, deprimidos, à medida que a entropia natural da vida nos supera. Os ideais nos elevam.

É claro que podemos exagerar no idealismo. Precisamos equilibrá-lo com realismo, honesta e humildemente aceitando quem somos no mundo e enraizando nosso idealismo nisso. Ideais são como o horizonte, um lugar para o qual podemos caminhar, uma direção que podemos seguir, mas não um lugar de chegada. Na jornada rumo ao horizonte, o único lugar onde caminhamos é aqui, o chão onde pisamos.

Ideais se tornam problemáticos quando os levamos ao pé da letra, nos agarrando a padrões impossíveis. Ideais são ideais. Eles não são reais. À medida que tentamos realizá-los, nos frustramos.

Ideais são ainda muito mais tóxicos quando nos iludimos, pensando que os realizamos. Nos tornamos cegos em relação ao nosso comportamento e à nossa motivação, e cegos para os outros, a quem julgamos menos do que nós mesmos.

Entre todas as formas perniciosas de idealismo, o idealismo religioso pode ser o pior. Seus excessos podem ser literalmente mortais. A graça salvadora do ideal do bodisatva é que ele é um ideal tão ultrajantemente extravagante, tão absurdamente imaginativo, que temos clareza desde o princípio que nunca iremos realizá-lo. É literalmente impossível! Nunca poderemos chegar lá. Tudo que podemos fazer é nos manter caminhando para o horizonte do bodisatva, inspirados pela visão brilhante adiante, contentes por nunca chegar.

No Zen, recitamos os quatro votos do bodisatva: seres são inumeráveis, faço o voto de salvá-los; ilusões são inexauríveis, faço o voto de acabar com elas; os portões do Dharma são infindáveis, faço o voto de entrar neles; o caminho de buda é insuperável, faço o voto de me tornar um buda. Esses votos

são perfeitamente impossíveis, nós sabemos que não podemos tomá-los como objetivos comuns. Eles são objetivos imaginativos, tomados num mundo imaginativo por seres imaginativos. Nós somos esses seres imaginativos. Tais votos apontam uma direção e inspiram nossos sentimentos e ações, mas não nos pressionam. Nós os praticamos com alegria e bom humor. E nós os realizamos – na imaginação.

O entendimento do bodisatva, de si mesmo e dos outros: compaixão

A prática da compaixão, a prática essencial e definitiva de um bodisatva, é baseada numa noção de compaixão bem diferente da usual, que é mais ou menos assim: eu estou aqui e está tudo bem. Você está aí precisando de ajuda. Eu vou ajudá-lo e com isso estarei fazendo algo louvável, que o ajudará e provavelmente fará com que eu me sinta muito melhor comigo mesmo.

Esse tipo de compaixão certamente é louvável, e o mundo seria um lugar muito melhor se mais de nós a praticássemos. Bodisatvas também o praticam. Mas essa não é a compaixão do bodisatva. A compaixão do bodisatva é expandida e completamente revisada pela força da imaginação. Relembre as linhas de Hoitsu Suzuki, que citei acima:

> Então quando eu perder minha vida para a morte
> será minha vida pertencente a mim
> mais do que jamais foi?

Essas linhas evidenciam um sentido de identidade radicalmente diferente do que geralmente vivemos, no qual eu estou aqui e você está aí. Para este eu, a morte é o pior evento possível. Mas para os bodisatvas, a renúncia definitiva (morte) pode ser o mais alto ganho, a mais alta realização pessoal. Bodisatvas sabem que o eu convencional, o eu do ego, não é a história completa ou necessariamente a história verdadeira. Existem outras histórias. Sim, sou eu com minha história pessoal e meu

papel social. Não posso negar. Mas essa é apenas a minha história. Todos precisamos de uma história. Sim, sou uma pessoa comum, como todo mundo. Mas também sou um bodisatva que vive muitas vidas, praticando meu voto de beneficiar os outros. E você também é.

A compaixão não é somente eu beneficiando você. É nós juntos, nos entrelaçando para dentro e para fora um do outro no expansivo e sempre conectado espaço inefável da realidade imaginativa. Eu não sou só eu. Você não é só você. Meu eu e o seu ser dependem um do outro. Um não pode existir sem o outro. Eu digo "eu" em relação a mim mesmo e "você" em relação a você, mas você diz "eu" em relação a você e "você" em relação a mim. Não há eu ou você fixos. Eu e você mudamos. (Em linguística, eles são chamados *intercambiáveis*.) Nós somos nós, então nosso servir um ao outro não é servir no sentido usual. É a vida cuidando da vida – a coisa mais natural possível.

O pandita budista Shantideva nos dá essa analogia em seu clássico texto sobre o caminho do bodisatva, *Bodhicaryavatara (Guia do Estilo de Vida do Bodisatva* – um texto ao qual vou me referir ao longo deste livro): quando um espinho doloroso se aloja no pé, os dedos o puxam sem hesitação ou alarde. Os dedos não se sentem bem consigo mesmos por fazer isso, nem o pé fica grato. É algo perfeitamente normal que os dedos façam. Por quê? Porque os dedos não se consideram independentes do pé. Dedos e pés são um só corpo. Eles não têm que pensar sobre isto, é simplesmente como é. Então, naturalmente, facilmente, suavemente, sem problema ou alarde, há cuidado e ação benéfica. Realidade de um corpo.

É exatamente o mesmo para os bodisatvas. Cuidar um do outro é o modo de ser mais verdadeiro e o mais comum. Como dizemos no Zen, a compaixão é como pegar o travesseiro no meio da noite. Suas mãos sabem como fazê-lo, mesmo quando você está meio adormecido. Você não precisa de seus olhos, suas mãos têm olhos.

Quando vejo os outros e a mim mesmo assim, tenho o máximo de felicidade e tranquilidade. Não preciso ficar desconfiado

dos outros. Não preciso me preocupar se eles me validam, gostam de mim ou estão se aproveitando de mim. Eu entendo que cada pessoa vai ter algum tipo de condicionamento que fará com que ela veja e viva de uma maneira particular, que pode ou não parecer boa para mim, dado o meu próprio condicionamento. Então, naturalmente eu – e todo mundo – terei preferências e padrões. Mas tudo isso sou eu mesmo, e eu sou tudo isso. Não preciso julgar, parabenizar ou condenar. Só preciso amar como uma extensão natural de estar vivo e só preciso fazer o que quer que pareça naturalmente benéfico a partir desse amor.

Diante disso, os bodisatvas não se importam muito com o que acontece com eles. Suas vidas são maiores do que os planos que eles podem ter para si mesmos. No entendimento convencional de nossas vidas, vamos adiante com nossos quereres e necessidades internos e externos. Tentamos trazer esses quereres e necessidades à fruição. Ficamos felizes quando temos sucesso, desapontados quando não conseguimos. Mas os bodisatvas não pensam desse jeito. Eles pensam sobre seus votos impossíveis para salvar incontáveis seres, entrar nos portões infinitos do Dharma, purificar as impurezas infinitas e se tornarem pessoas completamente éticas, sábias e amorosas.

Somos apenas humanos. Mas também somos mais. Somos, por natureza, seres aspiracionais. Nossa imaginação é ilimitada. Não podemos ficar satisfeitos simplesmente com o mundo como ele aparece. Diante disso, e apenas isso, faremos o que sempre fizemos – distrair e destruir. Seremos profundamente, narcisisticamente, defensivos e insatisfeitos e, por causa dessa pequenez incômoda, faremos coisas estúpidas e terríveis. Isso não é digno de nós mesmos. Precisamos de uma visão mais ampla, mais profunda e altruísta de quem somos, pois somos maiores do que parecemos – tão grandes quanto nossa imaginação nos projeta ser. Cada um de nós deve levar menos a sério aquilo que pensamos ser e levar mais a sério como são os bodisatvas, já que certamente também o somos.

Todas as grandes religiões do mundo ensinam isso de um jeito ou de outro. É por isso que elas existem.

Vivemos em um mundo materialista. A terra sempre foi nosso lar, mas nunca antes estivemos tão preocupados com as coisas que nos rodeiam: riqueza, dinheiro, entretenimento e a incessante atividade e ansiedade que um mundo quase completamente materialista fomenta. No passado, entendíamos que há espaço no meio de tudo. Compreendíamos que o material era também o sagrado – que o espírito permeia o mundo tangível. Mas esquecemos. Pode ser que agora precisemos da imaginação mais do que nunca.

Prática

Ao longo deste livro, eu uso a palavra *prática*, e esta é a hora de explicar o que quero dizer com ela. Músicos, atletas e oradores praticam para ficar aptos para suas performances. Mas médicos, advogados, psicoterapeutas, arquitetos, artesãos e outros profissionais praticam num sentido diferente. Eles não estão se preparando para algo mais significativo que vai acontecer. A prática para eles é um esforço contínuo diário para se desenvolverem. Eles respeitam e honram seus campos de atuação, e eles sabem que não podem dominá-los completamente. Enquanto praticarem, irão se expandir, melhorar suas habilidades, trabalhar em direção à maestria.

Para os praticantes espirituais, a vida é o campo da prática. Praticantes espirituais tentam dominar a arte de viver. Eles prestam atenção a como vivem, o que significa o modo como pensam, falam e agem. Eles prestam atenção aos estados de corpo e mente, relacionamentos consigo mesmos e com os outros, percepções, sentimentos.

Acima de tudo, a prática é uma atividade transformadora. Com o tempo, a prática molda o caráter e o ponto de vista. Isso é verdade em todas as profissões. Quando você estuda, como um aprendiz, e pratica uma profissão ou ofício, você finalmente se forma. Você gradativamente passa a ver o mundo como um advogado, médico ou arquiteto. É claro que todo advogado, mé-

dico ou arquiteto é diferente, assim como todo praticante espiritual é diferente. Ainda assim, advogados, médicos, arquitetos e praticantes espirituais compartilham algo que ninguém que não tenha feito a prática ao longo do tempo pode saber.

Muito mudou no nosso mundo nos últimos cem anos. Certamente o mundo externo parece e opera de um modo completamente diferente. Mas mudamos internamente também. Expandimos, quebramos barreiras dentro e entre nós. Visões e comportamentos que separavam um grupo do outro – raças, gêneros, culturas – caíram, e nós estamos conscientes, solidários e mais compreensivos uns com os outros do que nunca fomos. Eu compreendo, é claro, que esse *nós* está bem longe de ser universal. Ainda há muito preconceito e incompreensão, e as muitas barreiras que permanecem parecem mais dolorosas agora que as reconhecemos como barreiras. Ainda que os seres humanos possam ser melhores em reconhecer e incluir uns aos outros do que jamais fomos, estamos muito distantes do pleno respeito e justiça que aspiramos. É urgente a necessidade de acabar com essa lacuna entre realidade e aspiração.

As religiões viam a si mesmas como protetoras de verdades metafísicas exclusivas. Cada religião propôs um modo de olhar para o mundo, que era compreendido como o único caminho correto possível. Alguns religiosos ainda veem assim, mas cada vez mais pessoas religiosas veem suas tradições à luz da prática espiritual imaginativa. Isso quer dizer que as pessoas religiosas veem suas religiões menos como uma verdade exclusiva que deve ser defendida e sustentada e mais como uma prática, um processo de transformação que lhes proporciona um modo de viver e ver o mundo. Há muitos pontos de vista, muitas práticas. Entretanto, assim como existem muitos ramos do direito e muitas concepções diferentes do direito em diferentes países e advogados são advogados e se reconhecem uns aos outros como tais, da mesma forma, praticantes espirituais podem diferir radicalmente em suas visões e práticas e ainda ver, cada vez mais, a si mesmos como estando no mesmo caminho – um caminho interior, um caminho espiritual.

Hoje em dia, as pessoas são agraciadas com muita autonomia em suas práticas espirituais. Elas são livres para misturar várias igrejas e tradições – ou abandonar qualquer religião formal e praticar formas seculares de espiritualidade: cursos de meditação, workshops experienciais, aulas de ioga e muitas outras formas de prática espiritual não-religiosa estão amplamente disponíveis. Muitos, se não a maioria dos treinamentos profissionais e corporativos que conheço, baseiam seu trabalho em percepções colhidas em disciplinas espirituais. A noção de prática espiritual se tornou uma parte importante da vida contemporânea em muitas formas. Algumas pessoas reclamam que isso é piegas e diluído. Sem dúvida, muitas vezes é. Mas pouco a pouco vai se aprofundando e se tornando mais sério.

Imaginação e o caminho do bodisatva: seis perfeições

Todos temos o mesmo problema humano: como cuidar bem de nossas vidas e ao mesmo tempo expandi-las. Neste livro, proponho a visão do bodisatva – nossa própria versão dela – como um modo de fazê-lo. Nós todos queremos expandir a nós mesmos, servir, dar algum salto em nossas vidas. O caminho do bodisatva pode oferecer inspiração. O caminho do bodisatva é definido pelas seis práticas chamadas seis *paramitas*. A palavra *paramita* é geralmente traduzida como "perfeição". Essa tradução vem das palavras-raiz *param*, que significa "o outro lado", e *ita*, que significa "ido". *Paramita* significa "ido para o outro lado". Por extensão, significa "perfeição". Perfeição vai até o fim do possível – e além. Atravessa para o outro lado, além do possível.

"Ninguém é perfeito." Como na maioria dos ditados populares, isso também é verdade. Nenhum ser humano pode ser perfeito. Mas isso não nos impede de tentar. As seis perfeições são impossíveis. Ninguém pode praticá-las. Mas as praticamos mesmo assim. Tornamos o impossível, possível.

Imaginação

O único jeito de fazer o que não pode ser feito é usando a imaginação. Não posso praticar as paramitas objetivamente, mas posso praticá-las usando a imaginação, por meio de voto, intenção, espírito, comprometimento e ação. Posso praticá-las por meio do amor, por meio da expansão do meu coração. Esse é o espírito de praticar as seis perfeições.

Num sutra antigo, o caminho budista é comparado com uma jangada. Começando na margem do sofrimento, você navega para a margem do nirvana. Você vai além da dor para a paz. Usando a palavra *paramita*, "indo além", para descrever o caminho do bodisatva, os mahayanas queriam ecoar o sentido dessa metáfora inicial. Cada uma das seis perfeições é uma jangada nos carregando de uma margem para outra. Mas também cada perfeição já está além. Praticar, onde quer que estejamos, já é estar além. Nós nunca deixamos essa margem por outra porque já estamos lá, já estamos além, imediatamente, simplesmente por fazer a prática. A maior das imperfeições é a perfeição! O caminho por si é o objetivo. Esse paradoxo repousa no coração da prática das seis perfeições.

As seis perfeições são expansivas, práticas infindavelmente imaginativas, ainda que sejam, ao mesmo tempo, pé-no-chão. Elas são caminhos para o desenvolvimento do caráter, são meios de melhorarmos nosso funcionamento como seres humanos no mundo tal como ele é. No seu conjunto, elas definem um espírito e um modo de vida. As seis perfeições são generosidade, conduta moral, paciência, alegre empenho, meditação e compreensão.

A perfeição da generosidade: abrir nossos corações para nós mesmos, para os outros e para a abundância da vida.

A perfeição da conduta moral: prestar atenção nos nossos pensamentos, palavras e ações, afastando-os do autocentrismo e indo em direção ao amor e ao benefício dos outros.

A perfeição da paciência: encarar completamente as dificuldades e as transformar no caminho.

A perfeição do alegre empenho: despertar para a esperança e alegria, para que possamos manter nosso compromisso de prática com um espírito brilhante.

A *perfeição da meditação*: prática focada, de sentar-se regularmente e caminhar para renovar e desacelerar nossos corações e mentes, para que nossos dias e noites possam ser firmes e calmos.

A *perfeição da compreensão*: reconhecer que nada é como pensamos ser; que não há separação, nenhuma tragédia; que nada é fixo ou sólido; que há apenas amor e esperança sem fim além e dentro do que acontece e não acontece. A perfeição da compreensão permeia as outras cinco perfeições. É o grande dom do pensamento budista Mahayana, a fonte e o fruto da imaginação.

Essas seis práticas definem o caminho do bodisatva, o herói imaginativo do caminho budista Mahayana. Contemplá-las e praticá-las é um projeto de uma vida inteira – um que nunca iremos concluir. Quanto mais as praticamos neste mundo louco, mais veremos como nossas vidas humanas comuns, com todas as suas pressões e dificuldades, podem também ser uma jornada espiritual heroica e apaixonada. Compreensão e amor são possíveis.

Nos capítulos que se seguem, iremos estudar e praticar as seis perfeições – o caminho imaginativo do bodisatva. Vou concluir este capítulo como o comecei, com Robert Desnos, um bodisatva, cuja coragem e fé irreprimível na imaginação o tornam um bom modelo para nós.

> Eis seu poema, "Vida de Ébano":
> Uma paralisia assombrosa irá marcar esse dia
> E a sombra dos postes de luz e alarmes de incêndio
> irão minar a luz
> Tudo ficará silencioso, o mais quieto e o mais barulhento.
> As crianças gritando finalmente morrendo
> Os rebocadores as locomotivas o vento
> Irão silenciosamente deslizar
> A grande voz que vem de longe será ouvida passando
> sobre a cidade
> Há muito esperada
> Então na hora dos milionários
> Quando a poeira as pedras e ausência de lágrimas
> arrumam o vestido do sol nas grandes praças desertas

Imaginação

Finalmente a voz será ouvida chegando
Vai rosnar sem parar nas portas
Vai passar pela cidade rasgando bandeiras e batendo janelas
Nós a ouviremos
Que silêncio antes disso mas ainda maior o silêncio
que não irá
perturbar mas que irá carregá-la com a morte
que se aproxima
que ela irá murchar e condenar
Oh dia de tristezas e alegrias
O dia o dia a chegar quando a voz irá passar sobre a cidade
Uma gaivota fantasmagórica me disse que a voz me amava
tanto quanto eu a amava
Que este grande e terrível silêncio era o meu amor
Que o vento carregando a voz era a grande revolta do mundo
E que a voz iria me favorecer.[11]

2. A Perfeição da Generosidade

A prática das seis perfeições orienta o caminho do bodisatva. Neste livro, quero usar os ensinamentos tradicionais sobre as perfeições, porque eles são eficazes e úteis. Mas quero também explorá-los e expandi-los porque precisamos de um caminho mais aberto e criativo, que leva em consideração quem somos no nosso tempo e lugar, que é nossa limitação e nossa oportunidade.

Tradicionalmente, a prática da perfeição da generosidade (*dana paramita*, em sânscrito) é o portal para o caminho do bodisatva. Por quê?

A prática do bodisatva é radical. Ela envolve uma mudança fundamental em nosso modo de encarar a vida. Começa com uma profunda investigação de nossas atitudes, de onde elas vêm e de como elas condicionam o modo como vemos, pensamos, sentimos e agimos.

O que *é* atitude, afinal? Atitude é o clima das nossas vidas. Todo mundo tem algum tipo de atitude ou conjunto de atitudes. Provavelmente nunca pensamos sobre elas, nunca as examinamos e não percebemos que temos atitudes. Um peixe não sabe o que é água, porque vê e experimenta tudo estando dentro da água. Como um peixe na água, nadamos em meio às nossas atitudes.

Ou, talvez, atitude seja caráter: somos este ou aquele tipo de pessoa. Somos gentis, generosos, animados, quietos, medrosos, reclamões, mesquinhos, legais, não muito legais, calmos, ansiosos. Pensamos que a vida é boa, as pessoas são boas. Ou pensamos que a vida é uma batalha, e as pessoas não são

confiáveis. Assim por diante. Por mais que não as tenhamos examinado, todos nós temos atitudes razoavelmente consistentes que condicionam nossas vidas. Nossas atitudes podem ser contraditórias e confusas, mas nem percebemos. Poucos de nós temos tempo ou capacidade para uma profunda autorreflexão e, mesmo que tivéssemos, por mais que olhássemos, mais confusos ficaríamos. É difícil se ver com precisão. Nossas atitudes distorcem a imagem.

Atitude literalmente significa postura. O jeito como você mantém seu corpo, sua postura. O modo como você avança na vida.

Adquirimos nossas atitudes honestamente. As recebemos de nossos pais, comunidades e culturas, de nossas experiências, traumas e triunfos. Presumimos que nossas atitudes refletem a realidade. Presumimos que são fixas e imutáveis.

Mas atitudes não são fixas. Nem o mundo. Nem nós. No caminho do bodisatva, não supomos que nada seja fixo ou sólido. Não presumimos que nossa imagem do mundo é a forma como o mundo deve ser. É aí que entra a imaginação. A imaginação é uma brisa morna que ameniza o que parece rígido e frio. Bodisatvas possuem imaginação. Eles presumem que qualquer coisa pode ser fluida e morna, sujeita a desafios e revisões. Eles veem que tudo é provisório e aberto. Inspirados por sua imaginação, bodisatvas acreditam que sempre existam possibilidades.

A perfeição da generosidade confronta e suaviza nossas atitudes básicas. Praticá-la é apreciar a abundância natural do ser, a generosidade inerente do tempo e do espaço, o desdobramento incessante da vida. Esses dons são preciosos. A vida por si só é generosa. Está sempre criando mais vida. A vida é abundante e expansiva, nunca mesquinha ou tacanha. Ela prossegue, efervescendo e expandindo onde quer que encontre uma chance.

Você não precisa criar a vida, apenas deixá-la entrar. As gramas na colina estão sempre dispostas a explodir em verde, tão logo caia um leve chuvisco e uma réstia de luz possa penetrar. Ervas e trepadeiras se entrelaçam por todo o lugar. A vida inter-

rompida em algum lugar logo surge em outro. A natureza é prolífica. Até mesmo o desmantelar das coisas é generoso: grandes árvores caem de bom grado sob as ventanias. Elas proporcionam alimento aos insetos, bactérias, fungos e outras árvores e plantas. É triste ver em nosso tempo tantas espécies desaparecendo. Mais que triste. Mas as espécies sempre desapareceram e novas espécies sempre surgiram. Quando dizemos que estamos destruindo ou protegendo a Terra, estamos expressando nossa consternação e nosso amor, mas também estamos sendo um tanto arrogantes: a Terra vai bem, e a vida na Terra vai continuar de alguma forma, não importa o que façamos, porque a vida é generosa e fecunda e não pode ser interrompida. Enquanto o sol brilhar, a vida vai continuar, de um jeito ou de outro.

É verdade que a atividade humana está bagunçando a vida como a conhecemos, e isso é terrível. Definitivamente precisamos corrigir isso. Mas não somos espertos ou destrutivos o suficiente a ponto de extinguir a vida. A vida é muito generosa e resistente para que isso aconteça. E não é como se existíssemos em uma categoria especial fora da vida. Somos vida tanto quanto qualquer outra coisa. A vida continua mesmo que nós não continuemos.

A prática da perfeição da generosidade acarreta numa virada de atitude, nos levando a nos reconhecer como seres vivos que compartilham da imensa abundância, liberdade e energia da vida. Sempre temos possibilidades. Sempre encontramos um caminho, não importa como ou qual, para promover nossa vida. Só precisamos descobrir como parar de atrapalhar a nós mesmos. É nesse ponto que a prática intencional da perfeição da generosidade ajuda.

Certa vez, alguém perguntou ao Mestre Zen Beijing, da dinastia Tang, porque dar é a porta de entrada para o caminho do bodisatva. Beijing respondeu que é porque praticar a generosidade é praticar o deixar ir. O monge então perguntou: "o que você deixa ir?". Beijing disse: "Você deixa ir visões estreitas. Você deixa ir a ideia de que as coisas são pequenas e apertadas, agarráveis e possuíveis."

Beijing está enfatizando o espírito aberto e amplo da generosidade. Ele nos está mostrando que é a irritabilidade do nosso pensamento, a mesquinhez da nossa mente, nosso desejo de julgar, avaliar, separar, definir – nos agarrando às sobras – que nos impede de nos abrirmos para a abundância que deve existir em nosso íntimo, seres vivos que somos. Por que não podemos ser tão generosos quanto as árvores?

Como se abrir

Como fazemos para desafiar e ampliar nossas atitudes mesquinhas sobre a realidade? Primeiro, prestamos atenção bem de perto aos nossos pensamentos e pontos de vista, que são expressões de nossas atitudes. Se como seres vivos somos herdeiros de um espírito generoso, o que o está bloqueando? Precisamos investigar isso. Temos que nos tornar estudantes diligentes de nossas próprias mentes, confusas e desagradáveis como costumam ser. Estudamos nossas mentes observando em detalhe sempre que nos sentimos pressionados, pequenos, medrosos ou mesquinhos; quando nos pegamos vendo o copo meio vazio em vez de meio cheio ou restringidos por sentimentos defensivos e protetores. Aprendemos a identificar esses sentimentos em nossos corpos e mentes – percebendo o aperto em nosso peito e na respiração, o aperto em nossos ombros e rosto, os velhos e familiares padrões de pensamento de paranoia e pânico. Com muita repetição e treinamento pacientes, aprendemos a perceber essas coisas antes que elas fujam conosco. Aprendemos a nos pegar no meio do caminho e, literalmente, parar. Se estivermos andando, deixamos de andar. Se estivermos sentados, levantamo-nos. Respiramos conscientemente uma ou duas vezes e nos perguntamos: "Isso é mesmo verdade? Estou mesmo sendo atacado? Não há de fato nada suficiente para contornar?." E perguntamos ainda: "Quais são os efeitos desse hábito da mente?" Esse processo e essas questões são *práticas*. Nós as retomamos repetidamente. Trabalhamos com elas.

Normalmente, quando fazemos essas perguntas, respondemos "não". Não estamos de fato sendo atacados e existe o suficiente para contornar. O que está nos incomodando é provavelmente mais uma questão de orgulho e defesa habitual do que uma necessidade razoável. Quando refletimos mais, notamos que as consequências dessa resposta habitual não são boas: acabamos com palavras, atos e sentimentos que nos causam problemas e confusão e irão comprometer nossa saúde, estado de espírito e relacionamentos. Se investigarmos e interferirmos continuamente, acabamos enxergando nossa estreiteza mental como ela é: um hábito malsucedido baseado em informações imprecisas – uma atitude ruim.

Fazer isso consistentemente requer disciplina mental. É um tipo de ioga emocional. Mas quando você está motivado e determinado, você pode fazê-lo, sobretudo quando você tem o apoio da sua prática meditativa e uma comunidade de amigos para ajudá-lo.

Na verdade, a prática da meditação é a melhor maneira que conheço de cultivar a atitude expansiva da generosidade. É claro que é possível sentar-se em meditação enfurnado dentro de si, obcecado por seus pensamentos, preocupações e as restrições da sua situação. Praticar a perfeição da generosidade na meditação é o oposto disso. Quando pratica a perfeição da generosidade na meditação, você se abre, seu medo e ansiedade se suavizam e se dissolvem, e você se senta no meio do grande presente da vida ilimitada e imaginativa.

Como fazer? Sente-se na postura meditativa e entre em contato com seu corpo e respiração. Relaxe e foque sua atenção não tanto em seus pensamentos, sentimentos ou sensações, mas no espaço que o cerca. A mente ou a atenção em si é ampla, sem limites. Dentro dessa ampla abertura – sempre lá, embora você talvez não tenha reparado antes – pensamentos e sentimentos surgem e desaparecem. De alguns você gosta, de outros não. Normalmente você está focado nos sentimentos e pensamentos. Agora, mude seu foco um pouco. Deixe pensamentos e sentimentos deslizarem para o fundo e permita que a espaciali-

dade do fundo apareça. Sossegar e prestar atenção ao corpo e à respiração irá absorver a ansiedade flutuante, que geralmente está na sua mente sem que você perceba. Isso permite que você relaxe e se deixe levar por essa generosa espacialidade. Sente-se no meio dela. Você pode dizer a si mesmo: "Isso é vida: corpo, respiração, consciência. Eu a compartilho com todos e tudo. Ela me sustenta e me protege."

Dessa maneira, a meditação abrirá sua atitude, pouco a pouco, com o tempo. É um processo. Não adianta tentar medir o progresso. O esforço de mensurar e acumular o progresso já é mesquinho e estreito. Ele pressupõe que você não tem o suficiente e precisa de mais. Em vez disso, esteja disposto a ficar sentado assim todos os dias e, aos poucos, poderá ver alguma luz em sua atitude básica, que não existia antes – nesgas de céu azul espiando entre as nuvens.

Agindo generosamente

A atitude é muito importante na prática do bodisatva porque vem da compreensão e sentimento pela vida. Mas a atitude não é o suficiente. Para praticar a generosidade, você precisa realmente realizar ações generosas. Você deve fazer oferendas.

Na discussão budista tradicional sobre generosidade, três tipos de oferendas são considerados. O primeiro são as oferendas materiais: alimento, dinheiro, vestuário, medicamentos, abrigo. O primeiro tipo de oferenda é tradicionalmente feito por leigos para monges que não possuem outros meios práticos de apoio. Leigos também fazem oferendas materiais para membros da família, amigos e especialmente pessoas necessitadas. Mas é sempre bom praticar doar materialmente para qualquer um, mesmo os que não precisam da oferenda. Quanto mais generoso, melhor. Cada presente abre o coração e o espírito. Uma pessoa abastada pode fazer grandes oferendas para caridade ou bem-estar público. Na maioria das sociedades, incluindo a nossa, pessoas ricas sentem, como deveriam, uma obrigação de

oferecer de volta em reconhecimento por sua boa fortuna. Mas não importa o quanto você tenha, você sempre pode doar. Uma oferenda de qualquer tamanho e forma faz bem para o coração e é apreciada por quem recebe.

Nas culturas budistas tradicionais, membros da comunidade monástica oferecem o segundo tipo de oferenda: ensinamentos espirituais e inspiração. Buda passou sua vida fazendo essa oferenda, viajando pela Índia por mais de quarenta e cinco anos, pregando e permanecendo em diálogo com pessoas leigas e monásticas. Ao longo das gerações, professores espirituais têm oferecido ensinamento e inspiração, num esforço para servir aos outros.

A terceira oferenda tradicional é o destemor, que parece ser uma oferenda impossível. Mas é algo que pode ser oferecido. Você o dá, doando amor, pois quando você se sente amado, você se sente confiante. Oferecer destemor é doar aos outros o senso de que eles importam, que são respeitados, cuidados, seguros dentro de uma realidade amorosa e, portanto, protegidos finalmente. Você não pode fingir isso. Para ser capaz de doar destemor aos outros você precisa ter uma confiança genuína de que realmente não há nada a temer porque o amor na verdade está embutido na ordem da realidade. Não é apenas uma boa ideia: você sente isso em seus ossos; surge a partir da sua prática. Saber que a realidade é inerentemente generosa e amorosa certamente não significa que coisas ruins não podem acontecer. Mas quando você não tem medo, as coisas ruins podem ficar bem. Você pode aceitá-las. Vergonha, perda, dor física e até a morte fazem parte da vida. Eles estão envolvidos na visão criativa do caminho do bodisatva à frente. O destemor do bodisatva não nega a catástrofe. Ele reconhece sua inevitabilidade. Tudo o que existe, um dia, não existirá – é assim que a existência funciona; essa é sua beleza e a fonte da sua generosidade. Portanto, o destemor do bodisatva é muito sólido, muito forte, muito grande. Quando você sente isso, é fácil dar o presente do destemor. Você vai dar o tempo todo.

Se você encontra alguém com esse tipo de destemor, você percebe. As pessoas dizem isso sobre Sua Santidade o Dalai

A Perfeição da Generosidade

Lama, que, embora tenha passado por muita tragédia, é uma pessoa alegre e de coração leve. As pessoas relatam sentir, de alguma forma, uma noção da sua própria humanidade sagrada na presença dele. Alunos de Suzuki Roshi, o amado fundador da família da linhagem Soto Zen americana, dizem que ele também era assim, que quando você estava com ele, se sentia bem por ser você mesmo. Ele não dava tapinhas nas suas costas ou tentava turbinar sua autoestima. Ele dizia muito pouco. Mas, naturalmente, o tratava como uma pessoa sagrada e misteriosa por quem estava interessado.

Em nosso tempo e lugar, a maioria dos praticantes espirituais são leigos. No mundo Zen, mesmo os sacerdotes como eu são essencialmente pessoas leigas que têm permissão para se casar, ter famílias, possuir bens e que comumente têm carreiras ou trabalhos além de sua missão como sacerdotes. Portanto, as distinções tradicionais entre os tipos de oferendas não se aplicam realmente, e todos nós precisamos oferecer bens materiais, ensinamentos e inspiração e destemor conforme podemos. Estamos todos convidados a nos comprometermos a estender um pouco mais a nossa generosidade, a cada ato. Provavelmente não podemos ser famosos por nossa amorosidade como o Dalai Lama, Suzuki Roshi ou outras pessoas santas que possamos ter encontrado ou sobre as quais ouvimos falar. Mas podemos ser mais amorosos amanhã do que somos hoje. Acredito que qualquer um de nós pode finalmente se tornar notável para os outros pela qualidade de nossa presença amorosa generosa. Definitivamente, é possível.

Upaya – Meios hábeis

Tudo isso soa muito bom, muito fácil. A vida é complicada. O mundo é confuso. Nada, nem mesmo a generosidade, é simples.

Até agora tenho falado sobre generosidade de um modo expansivo e impressionista, e isso é bom, porque os bodisatvas devem ser expansivos e impressionistas. Mas o real *como fazer*

das seis perfeições pode ser desconcertante quando olhamos para ele de um ponto de vista passo a passo e racional e prático. A prática do bodisatva não é facilmente codificada. É por isso que os bodisatvas praticam *upaya*, meios hábeis.

Os meios hábeis são a compreensão intuitiva, prática e flexível de como concretamente aplicar a perfeição da generosidade (ou qualquer outra prática imaginativa) nas muitas situações específicas e cheias de nuances apresentadas num mundo confuso. No caso de oferecer bens materiais, os meios hábeis podem encorajá-lo a começar devagar e cuidadosamente. Talvez você comece dando um presente para si mesmo. Um dos meus professores me ensinou a praticar generosidade pegando um objeto na minha mão esquerda e dando-o para minha mão direita. Isso pareceu um pouco tolo para mim, mas quando tentei, detectei sentimentos sutis de gratidão ou mesquinhez, vários apertos minúsculos de segurar ou agarrar e, às vezes, a facilidade do deleite e da alegria. Os detalhes internos da oferenda real são mais complicados do que você pensa. O melhor caminho é começar a prática da generosidade por ser generoso com você mesmo. Mas isso não é apenas introdutório. De fato, como a maioria das pessoas acaba vendo, ser generoso com você mesmo é uma prática avançada. Ela requer – e promove – um respeito próprio honesto e uma autoestima altruísta que muitos de nós acha bastante complicado. Nós tendemos a oscilar entre os extremos do apego a nós mesmos e da autodepreciação. Praticar generosidade consigo mesmo requer que você se importe consigo do mesmo jeito que você se importa com os outros – nem mais, nem menos. Isso não é fácil de fazer.

Da generosidade consigo mesmo, você parte para a generosidade com os outros. Você dá presentes de aniversário, envia cartões ou flores, oferece seus melhores desejos. Você faz isso de qualquer forma, mas agora você o faz com mais intencionalidade e consciência. Você presta bastante atenção à experiência. Mais do que você fez antes, você percebe a felicidade de quem recebe, não apenas seu próprio senso de satisfação ou falta dele ao ter sido bem ou malsucedido ao fazer algo de

A Perfeição da Generosidade

bom. Nós todos oferecemos, mas será que realmente oferecemos? Praticar a generosidade é fazer o seu melhor para dar com um sentimento genuíno de amor e bons desejos para a outra pessoa. Mas isso exige prática.

E oferendas mais complicadas? Por exemplo, oferecer dinheiro. Quanto e a quem? Um empréstimo para um parente em necessidade? Um Real para o pedinte na rua? Gorjetas generosas para garçons e camareiras de hotel? Um cheque alto para o Exército da Salvação? Fundos para apoiar crianças na África? Agora fica complicado. A quem você deve oferecer? Você não pode oferecer a todos. Como você decide? Você deveria oferecer tempo, assim como dinheiro, fazendo trabalho voluntário em algum lugar? Quanto é suficiente? Será que alguma vez é suficiente? Se você oferecer até doer, como é pedido por quem arrecada fundos, será que vai terminar se sentindo ressentido? Como disse o Buda, será que você consegue oferecer um grão de areia e se sentir feliz por oferecer, sentir que é suficiente? E, se não importa o quanto você oferece, nunca parece que é o suficiente?

Conheço pessoas que genuinamente duvidam de doar para a caridade. Caridade é bom e doar faz bem, mas talvez, eles pensem, doar para a caridade faça com que você perca de vista as injustiças sociais subjacentes que deram origem à necessidade em primeiro lugar. Então, talvez doar para a caridade seja uma desculpa para evitar assumir mais responsabilidade pelos outros. É fácil fazer um cheque quando você tem uma conta bancária gorda. Mas e se fazer isso apenas o fizer se sentir menos culpado e, no fim das contas, perpetuar a ordem social injusta? Talvez o dinheiro fosse melhor gasto trabalhando para candidatos políticos, partidos ou organizações que combatem as raízes da pobreza e da injustiça.

E se ser generoso com os necessitados – vamos dizer, seu filho que é um viciado em metanfetamina, ou seu cunhado cujo alcoolismo enfurece destrutivamente toda a família – os possibilita continuar num mau caminho? Possivelmente em casos como esses, não doar seria um meio hábil. E quando você está fazendo seu testamento? Quanto você deve doar para seus fi-

lhos e outros herdeiros e quanto para a caridade? Será que dar um monte de dinheiro para seus filhos poderia ser um presente inábil, não realmente generoso? Em seu testamento, quem precisa ser lembrado pelas contribuições feitas à sua vida, para retribui-los pelo o que você tem, que – agora você começa a perceber – não é e nunca foi seu em primeiro lugar? Quanto você deveria doar a essas pessoas ou instituições?

Nos ensinamento judaicos, a palavra hebraica para caridade, *tzedakah*, literalmente significa "justiça". Doar aos necessitados não é magnânimo. Como seres humanos que compartilham a mesma mente, coração e posição na terra, devemos uns aos outros garantir que as necessidades humanas básicas sejam preenchidas. É apenas justo e razoável. Ninguém alcança riqueza e poder exclusivamente por seus próprios esforços. Você pode se levantar usando botas, mas alguém lhe deu as botas. Nós todos temos sido ajudados ao longo do caminho por incontáveis pessoas. Então é justiça compartilhar o que temos. O mundo é insustentável se alguns vão muito, muito bem e muitos outros vão muito, muito mal. Praticar a perfeição da generosidade é simplesmente estar consciente de nossa responsabilidade com quem e o que somos. A perfeição da generosidade implica uma visão social.

Mas isso não nos diz exatamente como praticar a generosidade em cada situação específica. Sempre haverá perguntas, decisões, discernimentos. Praticar a generosidade requer compreensão e reflexão. E nós não vamos nunca parar de cultivar a atitude subjacente de abundância, bondade e abertura que nos permite oferecer o melhor que podemos com o máximo de alegria e o mínimo de agonia.

Dando ensinamentos

Tais complexidades parecem não se aplicar a oferecer inspiração espiritual. Mas talvez essa oferenda também seja mais complicada do que parece. Praticar o Zen com tantas pessoas

ao longo dos anos tem me mostrado que, às vezes, é um erro dizer algo que você pensa que vai ajudar. Às vezes não dizer nada ajuda mais. Ensinamentos perfeitamente sólidos e saudáveis serão ouvidos de várias maneiras. Ter boas intenções e dizer ou fazer algo que você considera útil pode, às vezes, causar dor e problemas. Às vezes, o que fica não é o que você diz, mas como você diz, seu olhar ou gestos. É difícil, se não impossível, controlar ou manipular esse nível de comunicação. A forma como você realmente se sente, mesmo quando você não sabe como realmente se sente, é comunicada de forma infalível. E se você estiver se enganando, não percebendo que está dando seus grandes ensinamentos e bons conselhos espirituais principalmente pelo prazer de ouvir a si mesmo falar de forma maravilhosa, mais do que se importando com os outros?

Quando se trata de dar ensinamentos tradicionais, que têm sido repetidos por séculos, sempre há a questão de quanto adaptar esses ensinamentos para sua audiência. Se você é um professor budista ocidental, tentar soar como um antigo sábio asiático não vai funcionar. Este livro é um desses casos: em qual extensão eu deveria dizer as coisas que os professores sempre disseram sobre a perfeição da generosidade? Se eu adicionar ou subtrair algo, alinhado às minhas ideias sobre o que mais beneficiará minha audiência, talvez eu esteja na realidade entendendo mal ou atenuando os ensinamentos e roubando dos meus interessados leitores a chance de aprender algo experimentado e verdadeiro. Dar ensinamentos espirituais também requer meios hábeis.

Afinal, o que são ensinamentos espirituais? Um poema Zen diz: "o significado não está nas palavras". Repetir palavras ditas antes não necessariamente constitui ensinamentos espirituais elevados. Mesmo que você repita palavra por palavra de algo que você acredita ter sido dito pelo Buda, essas mesmas palavras proferidas por você, em seu tom de voz, com sua experiência de vida, em seu tempo e lugar, podem não ser verdadeiras. Qual significado não está nas palavras? Quais ensinamentos realmente curam em qualquer situação?

Destemor

Talvez oferecer destemor seja a oferenda que não é complicada. É uma oferenda interna. Não requer uma transferência de bens ou de palavras. Não há "coisa" a ser doada. Você oferece seu coração, seu sentimento.

Há muitas oferendas como essa. Você pode oferecer sua felicidade aos outros, sendo feliz de um jeito generoso e inclusivo. Isso parece estranho – como pode o meu estar feliz ser uma oferenda para alguém? Mas pode ser. Se eu experimento minha felicidade de uma forma leve e expansiva – se eu não penso sobre ela como *minha* felicidade, *minha* boa sorte – então os outros podem se sentir felizes comigo. Se eu sou feliz e os outros são miseráveis, talvez eu me sinta culpado. Talvez pense que deveria ser miserável também. Mas a minha miséria não irá reduzir a deles, vai apenas agravar. No entanto, se compartilhar minha felicidade sem sentir que preciso me proteger da miséria dos outros, posso animá-los.

Provavelmente todos nós já experimentamos ser alegrados por alguém que realmente se abre a nós, oferecendo seu bom espírito sem julgamento ou coerção. Anos atrás, quando fui eleito abade do Centro Zen de São Francisco, uma posição muito complicada e penosa, as pessoas vinham me perguntar quais as prioridades que eu tinha para meu novo papel. Eu disse que minha prioridade era, primeiramente, minha própria felicidade. Isso chocou as pessoas. Mas fez sentido para mim. Um abade pratica no centro de uma comunidade. Um abade rabugento irá diminuir o humor de todos, enquanto um abade feliz aumenta a alegria da comunidade. Nós todos somos abades, cada um de nós praticando no centro de nossas várias comunidades. Por isso, devemos todos cultivar nossa própria felicidade, não para nós mesmos (a verdadeira felicidade nunca pode ser egoísta mesmo), mas para os outros.

Da mesma forma, podemos dar aos outros nossa alegria e estabilidade, nosso amor e compreensão. Essas devem ser as mais simples e puras de todas as oferendas – nós simplesmente

aspiramos amar, respeitar e honestamente tentar entender outra pessoa, sem uma necessidade de melhorar ou consertar, ou pensar que temos que entender a pessoa.

Em tudo isso, está claro que a prática da generosidade não pode ser obrigatória e piedosa, como se estivéssemos magnanimamente doando a bondade de nosso sincero coração. De fato, quando praticamos a generosidade, nós mesmos recebemos o maior benefício: crescer para nos tornarmos uma pessoa maior, mais plena e mais bonita. Nas escrituras budistas tradicionais é dito que você alcança o renascimento na forma humana graças a atos de generosidade praticados em vidas passadas. Os ensinamentos dizem que quanto mais você pratica a generosidade mais belo você será em sua próxima vida – então, se você é fisicamente atraente agora é porque você foi generoso no passado. Isso provavelmente é verdade. Pessoas generosas *são* mais belas! Então quem oferece deve ser mais grato do que quem recebe. Deveria agradecer a quem recebe, por ser bom o suficiente em aceitar o que foi ofertado.

> Ao treinar voluntários para cuidar de pacientes no nosso Projeto Hospício Zen, em São Francisco, dizemos a eles que recebem mais de seu serviço do que oferecem. Inicialmente, os voluntários podem sentir que seu papel é dar conforto e apoio espiritual como um ato de caridade. Mas, no fim, os voluntários constatam que foram eles que receberam a caridade. Os pacientes, mesmo que agindo involuntariamente como bons professores espirituais, de alguma forma guiaram os voluntários a se abrir, a se tornar inteiros. Além disso, o que quer que você pense que está oferecendo – tempo, dinheiro, posses, amor – nunca foi seu em primeiro lugar. Foi uma oferenda, doada sem uma razão em particular, e você está simplesmente passando adiante.

O mundo como uma oferenda

Os antigos ensinamentos budistas podem parecer austeros. Buda fala sobre "guardar as portas dos sentidos", como se atos

de ver, ouvir, cheirar, provar e tocar fossem de algum modo perigosos, como se não devêssemos ter muito prazer ou muito divertimento se quisermos levar o cultivo espiritual a sério. Esses ensinamentos parecem ecoar os ensinamentos cristãos sobre as corrupções da carne.

Mas se você olhar mais de perto para esses ensinamentos budistas, eles na verdade dizem algo diferente. A meditação desacelera você o suficiente para experimentar bem de perto o funcionamento da percepção sensorial. Você percebe que em percepções prazerosas geralmente há mais acontecendo do que o simples ato de aproveitar. Sob a superfície do deleite, você detecta um apego sutil, uma ganância por mais e melhor. Se você vai para um restaurante e ouve conversas em outras mesas, você percebe que as pessoas estão sempre falando sobre outras refeições que tiveram em outras ocasiões, comparando o que estão comendo agora com o que já comeram. E muitas vezes há uma pungência triste em desfrutar uma vista espetacular ou sentir um perfume delicioso: no meio da experiência sensorial agradável há a sensação de que ela é fugaz, que você não pode segurá-la e não pode ter o suficiente. Quanto mais de perto você olha, mais vê a falta e mesmo a tristeza, no centro de uma experiência sensorial prazerosa.

Então, há as sensações desagradáveis: as dores, os gostos, cheiros ou visões de que você não gosta, o muito frio ou muito quente, as muitas sensações indesejáveis das quais você quer escapar.

Buda uma vez usou uma drástica metáfora para explicar o caso: ele comparou as experiências sensoriais diárias, tanto agradáveis quanto desagradáveis, à experiência de um leproso assando seus membros numa fogueira para aliviar o desconforto da doença. Soa loucura, mas eu compreendo. Apesar de nunca ter tido lepra, muitas vezes tive reações alérgicas causadas pelo contato com plantas venenosas: meus braços e tronco coçavam tanto e me causavam tanto desconforto que eu mal podia aguentar. Meu único alívio era encharcar minha pele com água quente escaldante.

Mas o ponto do Buda é que, para evitar a inconsciente mas constante ansiedade existencial de sabermos que somos vítimas do tempo e da morte, desesperadamente nos embebedamos em experiências sensoriais. Nós gostamos das agradáveis e evitamos as desagradáveis, mas no final elas são ambas distrações e, em última instância, negativas. O professor budista Ajahn Chah disse que uma experiência sensorial desagradável é como ser mordido por uma cobra: machuca imediatamente. Uma experiência sensorial agradável, é como agarrar a cobra pela cauda: mesmo que não machuque de início, certamente irá. Do ponto de vista do Buda, nenhuma experiência sensorial é verdadeiramente agradável.

Mas evitar experiências sensoriais é impossível. Enquanto estivermos vivos, os sentidos operam. Quando encaramos nossa condição humana, podemos ir além da distração sensorial, podemos parar o apegar, agarrar, comparar e rejeitar, que caracterizam nossa percepção normal. Quando o fazemos, sentimos cada ato de percepção como um presente recebido com gratidão. Não precisamos nos agarrar à nossa ganância ou afastá-la quando nos aborrecemos. Esse é um outro jeito de entendermos a perfeição da generosidade – como a própria percepção, na qual recebemos o mundo como oferenda.

Como você praticaria isso? É mais fácil depois da prática de meditação, especialmente em retiro. Quando sua mente estiver tranquila, pratique olhar com olhos suaves, ouvir com ouvidos suaves. Pratique sentir o ar em suas bochechas, o sabor da comida, a fragrância das flores. Esteja plenamente presente com a experiência sensorial e você vai notar como é receber a oferenda dos sentidos – sem procurar por mais.

Generosidade é vazia de generosidade

A prece das refeições Zen diz: "Que possamos, com todos os seres, realizar a vacuidade das três esferas, doador, receptor e doação". Esse é um ensinamento sobre a prática da perfeição

da generosidade que vem do *Sutra do Diamante*, um dos sutras sobre o assunto da vacuidade.

Qualquer ato generoso requer três elementos: um doador, um receptor e uma doação. Isso é óbvio: nós damos ou recebemos algo. Mas, lembre-se: as seis perfeições do bodisatva não são práticas comuns óbvias. Como perfeições, elas vão além das práticas usuais. Elas são práticas imaginativas, que saltam além do mundo material aparentemente sólido. Então, a *perfeição* da generosidade é generosidade que salta além da generosidade e se torna outra coisa.

A perfeição da generosidade e as outras paramitas são perfeições porque elas são permeadas pela prática da perfeição da compreensão, a sexta perfeição, que vê a natureza vazia das coisas. *Vazia* significa "inteira, conectada, fluida, livre, ilimitada". Vacuidade vista por meio da compreensão perfeita é inerentemente imaginativa. Você pode dizer que a perfeição da compreensão é imaginação em si mesma.

Tecnicamente, de acordo com os sutras, vacuidade significa ausência de ser independente. É disso que as coisas estão vazias: existência sólida independente. Nada é fixo ou separado. Não há coisas, entidades, eus ou seres. Há apenas o fluxo da realidade, o tumulto da vida, o sol dos seres irradiando por todos os lugares.

À luz de tal entendimento, não pode haver doador, recipiente ou doação. Como tudo mais, essas três esferas são vazias – elas não existem como pensamos que existem. As coisas não são separadas umas das outras. Tudo é fluxo, tudo está completo. Como ninguém possui nada, não há doador ou receptor. A vida circula como uma oferenda. "As coisas giram e novamente giram", como Wallace Stevens escreve em seu grande poema, "Os Prazeres de Meramente Circular". Nossos próprios corpos vêm e vão, suas moléculas se misturando com ar, alimento e água, e finalmente se dissolvendo no solo e no ar enquanto circulam em outros seres. Então a perfeição da generosidade é uma prática alegre. Oferecer é simples. Suas manifestações são miríades. Um de meus professores uma vez me instruiu a praticar o ato de oferecer em banheiros de aeroportos (estou

sempre em aeroportos), enxugando as bancadas da pia depois de lavar minhas mãos – fazer isso para os futuros usuários da pia e para a própria pia. Mesmo objetos inanimados merecem nossa generosidade e provavelmente serão generosos em troca.

A prática de secar bancadas pode ser feita em qualquer lugar. Por que não secar as bancadas de seu próprio banheiro ou cozinha como prática de generosidade? Faça-o bela e alegremente. Por você mesmo, pelos outros na sua casa, pelas bancadas. Você poderia enxugar suas bancadas com uma oferenda para pessoas distantes que não têm bancadas. Quando a perfeição da generosidade é apreciada como a prática imaginativa ilimitada que ela é, quase tudo pode ser um veículo para isso.

Não há eu ou você

Isso nos traz a um outro ponto essencial. Não há oferenda, nem doador, nem recipiente, então não há generosidade. Esses são conceitos vazios, como dissemos. O eu e o você também são conceitos vazios. Tais conceitos são importantes – nós não poderíamos negociar o mundo sem eles. Mas quando esquecemos que eles são conceitos, quando os congelamos e os fixamos em realidades sólidas às quais nos apegamos e defendemos, eles se tornam perniciosos.

Quando me sento em meditação e me aquieto profundamente em mim mesmo, ultrapassando os temas que se destacam em minha vida, embora eles sejam incidentais, vejo um eu mais profundo. Vejo minhas esperanças, sonhos, medos e impulsos. Eu quero viver, eu não quero morrer. Eu quero prosperar e ser feliz, eu não quero sofrer. Eu quero que minha família e aqueles com quem me importo estejam bem. Esses impulsos profundamente arraigados estão na base de quem eu sou. Sentindo-os, eu reconheço que todos os seres humanos também os sentem. Nesse sentido profundo, eu e você são incidentais, posições temporárias que ocupamos por um breve tempo de vida. Quando nos formos, esses mesmos impulsos humanos básicos

(e as palavras *eu* e *você*) vão se repetir em outras vidas, outras circunstâncias. Quanto mais eu vejo e sinto isso como uma realidade fundamental da minha vida, mais eu vejo que a generosidade não é um ato nobre de minha parte. Sou eu cuidando de mim, você cuidando de você.

Esse é mais ou menos o argumento que Shantideva, o grande sábio budista do século VIII, apresenta em seu *Bodhicaryavatara*, o texto que mencionei antes. Ele chama isso de a prática de trocar a si mesmo pelo outro. A importância disso é nos ajudar a ver que generosidade não é uma questão de eu diminuir a mim mesmo para beneficiar a você. Já que não há nenhum eu ou você além do conceito, a generosidade aumenta minha sensação de bem-estar, assim como a sua.

Esse é um ensinamento importante, mesmo que soe como um sofisma. Uma das dificuldades da ampla prática da generosidade perfeita é que as pessoas que sinceramente tentam praticá-la podem ficar exaustas e estafadas. Isso acontece com cuidadores profissionais, médicos, assistentes sociais, terapeutas, professores e outros. Mas pode acontecer a qualquer um de nós em nossos papéis de mãe, pai ou amigo. Manter seu coração aberto para todo sofrimento que você encontrar no seu ofício de terapeuta ou médico, em sua família, ou mesmo no noticiário diário, pode parecer esmagador. Quando "eu" me sinto responsável por "ajudar" a "eles", ou mesmo cuidar deles, me sinto deprimido, desencorajado, estressado, porque não posso acabar com o sofrimento. É por isso que é essencial que eu desenvolva a visão expansiva da perfeição da generosidade, da qual tenho falado. Realmente entender que não há ninguém a ajudar, ninguém que precise de ajuda e nenhuma ajuda, tira a pressão. Tudo sempre é do jeito que é, fluido e perfeito, mesmo quando parece doloroso.

É fácil o suficiente dizer ou ler, mas difícil sentir. Nós trabalhamos nisso e, pouco a pouco, começamos a sentir. Sentimos a tristeza e a dor – nós não queremos *não* sentir isso – mas ao mesmo tempo sentimos o fluxo e a perfeição. Isso nos ajuda a segurar a dor com alguma leveza, alguma graça.

Nesse meio tempo, contemplamos que, se esses ensinamentos são verdadeiros, eles devem significar que cuidar do próprio eu é cuidar dos outros. Sacrificar o próprio eu em um esforço de ajudar os outros não é a perfeição da generosidade. É uma bem-intencionada neurose baseada na falsa premissa de que eu sou eu e você é você. Falta o outro lado dessa realidade: que trocamos um com o outro, que "eu" sou "nós". Se nós podemos limpar as bancadas da nossa cozinha pelo bem dos outros, por que não podemos cuidar de nós mesmos pelos outros?

Comer bem, se exercitar e dormir, sabendo quando o suficiente é suficiente ou é demais são práticas necessárias da perfeição da generosidade. Talvez você se sinta culpado cuidando de si mesmo quando o mundo e todos os seus amigos estão em tamanha dor. Mas pense bem: se você não cuidar de sua saúde, estado mental e bem-estar geral, que bem você pode fazer pelos outros? Quando as pessoas oferecem de maneira exaustiva e quase ressentida, isso não faz você sentir alegria. Você deseja que elas cuidassem de si mesmas, não de você. O mesmo é verdadeiro para você. Pratique a perfeição da generosidade com um espírito de abundância e felicidade, não de ressentimento e exaustão. Cuidar de si mesmo, com amor e excelência, é um meio hábil na prática da perfeição da generosidade.

Dedicando o mérito

Na tradicional compreensão budista, a prática da generosidade, como qualquer outra prática espiritual, gera virtude, um estoque de bem tradicionalmente chamado *mérito*. Quando leigos fazem oferendas para a comunidade monástica pura, eles estão gerando mérito para si mesmos e suas famílias. Apesar de praticar a generosidade com o fim de estocar mérito espiritual não ser exatamente a perfeição da generosidade, esse mérito é acumulado de qualquer maneira. Estranhamente, quanto mais altruísta e perfeita for nossa generosidade, mais mérito recebemos por ela.

Dada essa crença tradicional, o budismo mahayana concebeu a prática de *transferência de mérito*. É típico em quase todas as cerimônias e sessões de prática no Zen e em outras escolas budistas mahayana "dedicar (transferir) o mérito", ou seja, oferecer todo o bem da prática espiritual que acabamos de fazer para o benefício dos outros para que nenhum bem seja acumulado para nós mesmos. Isso pode parecer uma noção abstrata de generosidade, mas é um poderoso ato de imaginação. Eu faço essa prática quase todo dia, dedicando o mérito do meu sentar, cantar ou estudar para os amigos necessitados longe ou perto – e aos outros, a todos. Não sei se isso faz algum bem a eles, mas certamente me faz bem sentir que estou próximo a eles, mantendo-os em minha mente e coração. É mais ou menos a mesma prática de rezar pelos outros, que é feita em igrejas, mesquitas e sinagogas por todo o mundo. Rezar pelos outros é um poderoso ato de generosidade.

Se a vida é um presente que recebemos livre e amorosamente, de forças ou não-forças além de nossa compreensão, certamente estamos em dívida com a vida e com todos os que compartilham a vida conosco. Devemos continuar a oferecer esse presente por meio da prática da perfeita generosidade.

Dogen sobre a perfeição da generosidade

O mestre Zen Dogen (1200–1253), fundador da escola Soto Zen no Japão, é conhecido por sua abordagem imaginativa da prática budista. Os mestres Zen são bastante imaginativos, mas Dogen, pelo menos a julgar por seus extensos escritos, vai além do normal. Seu caso é especialmente ímpar porque seus ensinamentos foram tomados por leitores budistas ao longo dos séculos para promover e justificar tanto um monasticismo muito conservador quanto uma abordagem amplamente aberta, quase contraditória, da prática. Isso é porque muito do que ele escreveu é selvagem, paradoxal e notoriamente difícil de definir.

A Perfeição da Generosidade

Um de meus textos favoritos de Dogen é o curto ensaio "Os Quatro Métodos de Orientação ao Bodisatva", um capítulo em sua obra-prima, Shobogenzo (Tesouro do Verdadeiro Olho do Dharma). Os quatro métodos – generosidade, fala gentil, ação benéfica e ação de identidade – são práticas do bodisatva especificamente criadas para influenciar os outros. Como percebemos, todo o propósito dos bodisatvas é ajudar. Eles não podem fazer isso insistindo ou fazendo proselitismo; eles sabem que isso não vai funcionar e que perde o propósito. Quando eu pratico, outros praticam; quando outros praticam, eu pratico. Então não há eu praticando e alguém não. No grande quadro do bodisatva, estamos sempre avançando no caminho juntos. Então, bodisatvas não precisam bajular ou convencer. Eles influenciam os outros não-intencionalmente simplesmente por suas ações. Bodisatvas fazem estes quatro métodos de prática para inspirar os outros a se tornarem bodisatvas.

Generosidade é o primeiro dos quatro. Dogen nos diz que você pratica generosidade simplesmente por não se agarrar ou querer, simplesmente sendo feliz em receber o que quer que seja dado. Estar contente é ser generoso. Quando você está contente, você irá doar espontaneamente. Você vai oferecer, ele escreve, flores em uma montanha distante, tesouros que você possuiu numa vida anterior, mesmo coisas que não pertencem a você. Você dará o que você vê, ouve e imagina. Você dará uma linha de escritura, um centavo, um pedaço de grama, uma partícula de poeira. Quando sua generosidade desafiar todos os limites racionais, as pessoas ficarão profundamente impressionadas, suas vidas serão transformadas. Mais à frente no texto, Dogen escreve: "lançar um barco ou construir uma ponte é um ato de generosidade. Se você estudar o ato de oferecer de perto, você verá que aceitar um corpo [nascer] e abrir mão do corpo [morrer] são ambos oferendas".[12]

Não há jeito de *não* praticar a generosidade uma vez que prestamos atenção às nossas vidas como elas realmente são e entramos no caminho do bodisatva.

Versos sobre a perfeição da generosidade

Há muitos outros textos tradicionais que cobrem as seis perfeições. Aqui está um verso de um texto budista tibetano, As Trinta e Sete Práticas de um Bodisatva, escrito no século XIII pelo grande lama Tokme Zongpo e traduzido e comentado lindamente no livro *Reflexos no Rio de Prata*, do meu amigo Ken Mc Leod, um professor contemporâneo e tradutor do budismo tibetano. Neste pequeno e incisivo texto, Tokme Zongpo oferece trinta e sete versos para descrever o caminho do bodisatva. Seis dos versos (versos 25 a 30) cobrem as seis perfeições. Eis o verso sobre a perfeição da generosidade:

> Se aqueles que querem despertar tiverem
> que doar até mesmo seus corpos,
> Que necessidade há em falar sobre coisas
> que você simplesmente possui?
> Seja generoso sem buscar
> Nenhum retorno ou resultado –
> esta é a prática de um bodisatva.[13]

O desistir de corpos, ao qual se refere aqui, tem a ver com as tradicionais histórias budistas de bodisatvas, cuja paixão por beneficiar os seres fez com que literalmente sacrificassem seus corpos. Há uma história folclórica sobre o Buda em uma vida pregressa oferecendo seu corpo como alimento para uma tigresa faminta, que precisava comer para amamentar seus filhotes. Em uma outra história, o Buda anterior nasce como um coelho e pula na fogueira de um caçador para assar a si mesmo e alimentar o caçador faminto. Há muitas outras histórias como essas. Tais histórias são destinadas a expressar a profundidade do amor e interesse do bodisatva pelos outros. Apesar de serem fábulas religiosas destinadas a expressar mais uma atitude do que uma ação objetiva, uma pessoa pode imaginar circunstâncias nas quais ela literalmente sacrificaria sua vida por outra. As pessoas fazem isso. Tais histórias são também destinadas a nos mostrar o quão identificados nós estamos com nossos corpos, quanto medo carregamos sobre nossos corpos e dentro

deles. Para aperfeiçoar a prática da generosidade, os bodisatvas se tornam livres desse medo. Eles praticam profundamente dentro e por todo o corpo, verdadeiramente apreciando e compreendendo sua vulnerabilidade radical, sua natureza vazia. Apreciando o corpo, os bodisatvas podem ser completamente generosos, sem conter nada.

As palavras de Tokme Zongpo nesse verso são simples e vão direto ao ponto. Se os míticos bodisatvas abrem mão de seus corpos pelos outros, como podemos ser mesquinhos com nossas propriedades ou outras coisas que pensamos que possuímos? Propriedade é um mal-entendido. Tudo que pensamos possuir, nós apenas tomamos conta de forma temporária, não possuímos de fato. Propriedade é uma convenção social e legal, não uma realidade. Um amigo uma vez me disse que se sentia culpado por possuir uma casa grande com vista para o mar. Não se preocupe, eu disse, é apenas temporário. Uma vez que você toma como real a convenção da propriedade, a perfeição da generosidade se torna impossível. Apesar de você aparentar possuir coisas, é preciso lembrar a si mesmo que esse não é realmente o caso. Assim você pode ser generoso sem buscar nenhum retorno.

A frase diz: "Seja generoso sem procurar nenhum retorno ou resultado". Talvez não seja tão difícil desistir de obter retorno, mas é difícil desistir de buscar um resultado. Talvez eu não precise receber crédito por minha generosidade, mas ao menos ela deveria ajudar! Deveria haver algum bom efeito. Mas para praticar a perfeição da generosidade, nós esquecemos dos resultados e oferecemos apenas, porque é nossa prática, é quem e o que somos, e é bom por si só. Se algum outro bem vier disso, ficamos surpresos.

Finalmente, eis aqui alguns versos sobre a perfeição da generosidade de um dos meus sutras favoritos, *O Sutra da Prajnaparamita em Oito Mil Linhas*. Como o título sugere, esse texto se especializa na sexta perfeição, a perfeição da compreensão (prajnaparamita) que, como dissemos, perpassa todas as outras e é tão fundamental que requer seu próprio conjunto de sutras. Eis aqui algumas linhas deste sutra, que falam sobre a perfeição da generosidade:

Mas alguém que [...] se torna despreocupado
sobre qualquer coisa que lhe possa ser querida ou não –
Se, quando ele renuncia à cabeça, mãos e pés, seus
pensamentos permanecem não rejeitados,
Ele se torna aquele que desiste de tudo o que tem,
sempre destemido.[14]

Medo é um tema crucial nesse sutra. Um refrão constante no sutra diz assim: se uma pessoa ouve sobre a vacuidade de todas as coisas e não fica assustada, deprimida ou apavorada, mas, ao contrário, se torna feliz e contente, então sabemos que esta pessoa é um verdadeiro bodisatva. No caso de doar, se o bodisatva percebe que poderia desistir de qualquer coisa e de tudo porque não há do que desistir, e essa realização o deixar feliz, sem medo, não rejeitado, não reconhecido, então é um verdadeiro bodisatva. Esse ensinamento sábia e surpreendentemente reconhece o medo como um ingrediente essencial da nossa personalidade. O identificamos com o eu vulnerável: pensamos que somos e possuímos o não somos e não possuímos. Portanto, o medo da perda de si mesmo e dos bens é essencial para nós. Quando a identidade básica é ameaçada, surge o medo, geralmente mascarado pela raiva. Para praticar a perfeição de oferecer, precisamos superar esse medo, percebendo que realmente não há o que temer. Tudo é vazio em primeiro lugar.

Isso não quer dizer que nós esperamos ser destemidos para praticar a generosidade. É claro que não. Praticamos agora mesmo, como somos, e o caminho da prática nos traz pouco a pouco ao destemor. Ensinamentos como esse não são para nos assustar. Eles nos encorajam ao mostrar a profundidade e o alcance daquilo que aspiramos.

Práticas

Minha intenção é que este livro seja uma inspiração para você reimaginar sua vida de modo a vivê-la de um jeito diferente. Não tenho a menor dúvida que essa era a intenção do Buda

também: garantir que haja menos sofrimento e mais felicidade no mundo.

Mas isso irá requerer mais do que ler um livro. É preciso cultivo espiritual constante. O ensinamento budista é cheio de práticas transformadoras. Então, ao final de cada capítulo deste livro, adiciono listas de práticas.

Muitos dos itens na lista vêm de práticas que já mencionei nas páginas anteriores. Mas é útil reformular essas práticas de uma forma curta, para a facilidade da referência.

Essas listas não são sistemáticas ou exaustivas, e elas não são de fontes tradicionais. Elas são sugestões, pontos de partida. Espero que os criativos leitores inventem suas próprias práticas que sirvam às suas circunstâncias e temperamentos, assim como Buda criou práticas nunca antes vistas ou ouvidas que serviam a ele mesmo e seus alunos em seu tempo. Espero que o espírito deste livro torne óbvio que não estou esperando que os alunos sigam a lista de práticas sugeridas e experimentem todas elas devidamente. Experimente quaisquer práticas que pareçam úteis ou interessantes a você. Prove ou ignore tantas quantas você ignorar. Não se force a fazer nada com que você não se sinta confortável ou interessado.

As listas de prática estão divididas em duas seções: práticas de meditação e práticas para a vida diária.

As práticas de meditação são sugestões de como focar sua mente na almofada de meditação.

Práticas da vida diária são práticas que você pode usar tanto separando um tempo especial para elas (além do tempo de meditação) ou, mais frequentemente, no decorrer do seu dia a dia.

Práticas

Práticas de meditação

» Sente-se e preste atenção ao seu corpo. Agora preste atenção à sua respiração, para dentro e para fora, enquanto sua barriga sobe e desce. Repouse em cada exalação. Sinta-se relaxar a cada respiração sucessiva. Abra-se para uma mente generosa, espaçosa a cada exalação.

» Sente-se e preste atenção ao corpo e à respiração. Fique consciente dos pensamentos, imagens, memórias, o que quer que surja em sua mente. Agora fique consciente da própria consciência que é o recipiente ou pano de fundo para o conteúdo da sua mente. Pouco a pouco (usando a sua exalação para facilitar o seu caminho) mude sua atenção do que está à frente (pensamentos, etc.) para o pano de fundo (a própria consciência). Sinta a própria consciência como ilimitada. Sinta sua infinita generosidade.

» Trocando a Si Mesmo pelo Outro – Aquiete-se no corpo e na respiração. Agora imagine outra pessoa sentada à sua frente. Reflita que, assim como você, ela quer viver, não morrer; quer ser feliz, não miserável. Sinta você e a outra pessoa nesse nível humano básico, além do particular. Agora, a cada exalação, imagine-se como a outra pessoa e a outra pessoa como você. Veja aquele corpo – do outro lado da sala – como o seu corpo (você mesmo), e veja este corpo como aquele corpo. Não espere que isso funcione perfeita ou exatamente, mas continue tentando trocar a si mesmo pelo outro. Depois de um tempo, simplesmente volte a prestar atenção na respiração.

» Logo depois da meditação, preste muita atenção à percepção, visão, audição, paladar, toque, olfato. Tente sentir a sensação da percepção sem apego ou aversão subja-

cente, perceba que o mundo é uma oferenda. Sinta a oferenda como um presente.

» Suas próprias práticas nunca antes vistas ou ouvidas ou tomadas de outras fontes.

Deixe-me observar novamente – e isso serve para todas as práticas a seguir – que se você se sentir em dúvida sobre tentar qualquer uma das práticas acima ou quaisquer práticas recomendadas neste livro, não as faça! A prática espiritual pode ser e frequentemente é rigorosa. Nós somos convidados a nos esticar, a ir além de nossas zonas de conforto. Mas fazer isto requer o suporte de professores e da comunidade. Quando você está praticando por conta própria, é melhor ser cuidadoso. Então faça apenas o que você se sentir confortável fazendo e, se ao fazer você começar a se sentir desconfortável, pare.

Práticas da vida diária

» Seque bancadas em banheiros públicos e lembre-se que você faz isso para a próxima pessoa que vai entrar e pela bancada em si.

» Dê a si mesmo um presente diário por uma semana ou mais: um intervalo para olhar o céu em algum momento durante o dia, uma comida especial, uma batida em suas próprias costas ou uma massagem no pescoço, uma pequena compra – o que quer que você possa pensar. Observe como você se sente ao dar o presente e ao recebê-lo.

» Compre – ou melhor, faça – cartões com mensagens para mandar aos amigos em qualquer ocasião. Tente, enquanto escreve cada cartão, sentir genuinamente os desejos auspiciosos para a pessoa que irá recebê-lo. Envie os cartões.

» Sorria intencionalmente para as pessoas, qualquer uma e todo mundo. Tente sentir o calor interno que o sorriso projeta externamente.

» Pratique dizer a alguém: "como você está?", com interesse genuíno. E siga com: "como vão suas crianças?", "como vai seu _____?" (O que quer que você saiba sobre a pessoa, uma doença da qual esteja se recuperando, um hobby ou interesse que tenha, etc.)

» Faça alguma coisa todos os dias por sua saúde e bem-estar – meditação, exercícios, dieta saudável.

» Dedique os méritos. Ao final do dia, ofereça qualquer bem que você possa ter gerado durante o dia para alguém que você sabe que está doente ou tendo um desafio pessoal e possa precisar dessa ajuda. Ofereça o estoque de benefícios a todos no mundo que estão sofrendo, ofereça a si mesmo. Alternativamente, faça algo com intenção de fazer o bem (ler um texto espiritual, entoar cânticos ou mantras, oferecer incenso em um altar, se você tiver um altar em casa) e ofereça os benefícios como dito acima.

» Componha uma oração de agradecimento antes das refeições para lembrar que a comida que você está prestes a comer é um presente milagroso. Memorize e recite-a antes de cada refeição. Se você não conseguir compor uma, eis aqui uma que eu escrevi alguns anos atrás:

Graça de Um Coração
Enquanto nos preparamos para
comer esta comida
nos lembramos com gratidão
das muitas pessoas, ferramentas,
animais e plantas,
ar e água, céu e terra
transformados na roda do viver e morrer,
cujo emprego alegre
provê nosso sustento neste dia.

Que possamos com a bênção
desta comida unir nossos corações
ao coração do mundo
em consciência e amor,

e que possamos junto com todos
realizar o caminho do despertar
e nunca parar de fazer esforços
para o benefício dos outros.

» Comprometa-se a ligar ou visitar um amigo em necessidade.

» Faça doações materiais: presentes para a família e os amigos em ocasiões apropriadas (ou melhor, em qualquer ocasião), dinheiro para pedintes na rua (mantenha algumas notas em seu bolso para esse propósito), dinheiro para a caridade ou outras organizações que façam o bem.

» Ofereça ensinamentos espirituais: compartilhe livros ou palavras ou websites que você sinta que valem a pena.

» Ofereça o dom do destemor. Este é difícil, mas vale muito a pena tentar de novo e de novo. Olhe para as pessoas com olhos de amor, respeito e interesse genuíno. Tente encontrar esses sentimentos dentro de você.

» Ofereça "flores numa montanha distante, coisas que não pertencem a você, uma partícula de poeira".

» Perceba como você se sente quando faz uma oferenda. Preste muita atenção. Você sente alguma satisfação, alguma autocongratulação? Você se sente como uma "pessoa generosa"? Perceba se você tem tais sentimentos – ou quaisquer sentimentos que você tenha. A prática aqui não é sentir do jeito que você pensa que deveria sentir. A prática é ver (e aceitar como um presente!) o jeito que você sente.

» Compartilhe sua felicidade.

» Memorize os versos de Tokme Zongpo e o Sutra da Prajnaparamita em Oito Mil Linhas. Repita-os quantas vezes você puder durante o dia para se lembrar da prática da generosidade

» Suas próprias práticas nunca antes vistas ou ouvidas ou tomadas de outras fontes.

3. A Perfeição da Conduta Ética

A perfeição da conduta ética (*sila*, em sânscrito) é tradicionalmente listada como a segunda das seis perfeições, mas não é a segunda em importância ou em ordem cronológica.

Lembre-se: o caminho do bodisatva é imaginativo. Bodisatvas não são pessoas normais fazendo coisas normais – eles são heróis espirituais realizando tarefas impossíveis. O seu reino vai além do cotidiano e do prático. Seu caminho não é linear, não é um esforço passo a passo para atingir uma meta. Bodisatvas podem ter metas provisórias de tempos em tempos (isso é upaya, meios hábeis), mas eles sabem que a verdadeira meta está além do alcance. Não há etapas, nem hierarquia de importância. A prática do bodisatva acontece toda de uma vez.

Somos pessoas normais fazendo coisas normais – quem poderia negar? Mas também somos bodisatvas heroicos. Isso não nos torna diferentes de ninguém. Todo mundo é um bodisatva. Todo mundo tem imaginação e um desejo infinito pela felicidade e bem-estar de todos os seres, não importa o quanto possam estar sem contato com essa aspiração. Ser um bodisatva é apenas ser humano. Mas quando temos a intenção de ser um bodisatva, procuramos recordar desse aspecto da nossa humanidade com mais frequência e vivê-lo o melhor que pudermos.

As seis perfeições são vazias, que é o que as tornam perfeições. Assim como somos pessoas normais e ao mesmo tempo somos algo além disso, também as seis perfeições estão além delas mesmas. Portanto, a perfeição de conduta ética do bodisatva não é o tipo usual de conduta ética – é uma conduta ética além da conduta ética. É tanto o portão de entrada do caminho quanto a fruição última. Num primeiro momento, envolve alguma limitação, mas, na medida que os bodisatvas continuam no caminho, eles fácil e

espontaneamente praticam sem perceber. Neste momento, a perfeição da conduta ética não é tensa ou restritiva, é um caminho alegre de fazer o que vem naturalmente da totalidade do coração.

Geralmente não pensamos sobre conduta ética dessa maneira. Pensamos nisso com bastante seriedade, como uma questão de restrição, purificação e retidão. Você segue diretrizes para melhorar a sua conduta, endireitar seu comportamento, ser uma pessoa boa e decente. Os bodisatvas também praticam assim. Eles não querem irritar as pessoas e criar problemas. Eles querem fazer a coisa certa. Eles não são moralmente obtusos. Sabem, acima de tudo, que não há "eles" sem todos os outros, então o conduzir-se a si mesmos com respeito pelos outros é senso comum. E quando eles fazem besteira, como o fazem às vezes, reconhecem e fazem correções.

Ainda assim a perfeição da conduta ética, como uma águia voando, plana muito além da ética convencional nos céus vazios e azuis do amor e do deleite.

Conduta ética e meditação

Com a meditação, você finalmente começa a perceber uma conexão direta entre sua inquietude, o desconforto do corpo, a mente obsessiva e a sua conduta. Você percebe que quando sua conduta se torna mais gentil, mais direta e clara, sua meditação se torna mais fácil e mais focada – e vice-versa. Em retiros de meditação longos, essa experiência pode ser bem dura. Uma dor abrasadora no meio da coluna espontaneamente deságua num sentimento desolador de remorso devido a uma ação passada, repentinamente e vividamente relembrada. De repente, você sente as consequências de sua conduta no seu corpo e pensamento.

A prática contínua da meditação torna essa conexão ainda mais óbvia. Você percebe que não pode se livrar de nada. Uma conduta falsa lança sombras na sua mente e coração, que você sente, mais cedo ou mais tarde, como um desconforto mental ou físico quando senta para meditar. Naturalmente, você

se torna mais sensível para os pequenos cortes e arranhões aos quais seu coração está sujeito. Coisas nocivas que você dizia e fazia sem notar, ou coisas ditas e feitas a você, às quais não dava muita atenção, e agora entende como significativas. Dói você dizer, ou mesmo pensar, coisas nocivas.

A prática da meditação sensibiliza você em relação aos outros. Quanto mais familiar com sua própria mente, suas voltas e reviravoltas, mais você se dá conta de que os outros são como você. A mente humana é um turbilhão de atividades, na sua maior parte, voltadas para o eu. É cheia de autoproteção, tem todo tipo de esquemas para se afirmar e para se desculpar, punir ou decepcionar a si mesma. Quando esse caos desvanece um pouco, de modo que você possa perceber essa atividade da mente, você inicialmente sente desânimo. Você sabia que as coisas eram ruins, mas agora você percebe que elas são piores do que você imaginava! Aí você se dá conta de que não é só com você: é normal. Apesar de todos termos nos tornados habilidosos em nos mostrarmos ao mundo como se fôssemos respeitáveis cidadãos do bem, na realidade, nenhum de nós é o que nos tornamos habilidosos em parecer. Todos são mais hesitantes, mais vulneráveis e mais toscos do que parecem ser. Ao aceitar isso, você se torna mais gentil consigo mesmo e com todo mundo. Essa gentileza, baseada num entendimento corporificado da natureza humana, é a raiz da conduta ética.

Os fundamentos da conduta ética

No zen, a prática da perfeição da conduta ética é descrita nos dezesseis preceitos do bodisatva. Eles são:

Três refúgios

>Eu tomo refúgio no Buda.
>Eu tomo refúgio no Dharma.
>Eu tomo refúgio na Sangha.

A Perfeição da Conduta Ética

Três preceitos puros

Faço o voto de me abster de má conduta.
Faço o voto de cultivar conduta benéfica.
Faço o voto de beneficiar todos os seres.

Dez preceitos da mente pura

Faço o voto de proteger a vida, não matar.
Faço o voto de receber, não roubar.
Faço o voto de respeitar os outros,
não praticar conduta sexual inapropriada.
Faço o voto de ser verdadeiro, não mentir.
Faço o voto de clareza, não intoxicar
meu corpo e mente, ou de outros.
Faço o voto de falar com bondade,
não falar mal dos outros.
Faço o voto de praticar a modéstia,
não elogiar a mim mesmo à custa dos outros.
Faço o voto de praticar generosidade,
não ser possessivo com nada.
Faço o voto de praticar a bondade amorosa,
não cultivar a má vontade.
Faço o voto de cuidar e polir os três tesouros.

Os primeiros três preceitos, os três refúgios, não são preceitos a rigor. Eles não descrevem compromissos para fazer ou não fazer alguma coisa. Em vez disso, eles apontam para a confiança na bondade humana que os bodisatvas sentem e que fundamenta a prática da conduta ética. Essa confiança é expressa na fórmula mais antiga do Budismo: refúgio no três tesouros do Buda, Dharma e Sangha.

Tomar refúgio nos três tesouros é confirmar, como motivação primária, o comprometimento do bodisatva para trabalhar pela bondade e profundidade no viver. Para os bodisatvas, não é suficiente conseguir o que se precisa e deseja, proteger a si mesmo e a sua família, acumular riquezas, segurança, reputação. Não é que os bodisatvas sejam contra quaisquer dessas coisas. Eles também reconhecem essas metas e desejos como naturais. É que

os bodisatvas estão comprometidos com uma meta muito mais ambiciosa, uma obrigação maior, um chamado mais elevado e amplo. Eles querem muito mais alegria, muito mais amor, muito mais justiça e bem-estar, para eles mesmos e para todos os outros. Bem-estar pessoal é só um meio para esse fim.

Esse comprometimento básico com a bondade universal e o benefício de todos não é exclusivo do Zen ou do budismo: todas as religiões os ensinam. Os seres humanos têm consciência conceitual, formada pela linguagem, pensamento e imaginação. É por isso que somos os animais preocupados com a beleza, significado e propósito. Ter esse tipo de consciência é tanto uma vantagem quanto uma desvantagem. Por um lado, significa que não podemos estar satisfeitos com o mero bem-estar físico. Temos de lutar por mais, o que poderia nos tornar perpetuamente insatisfeitos e agitados, até mesmo destrutivos e doidos. Somos capazes de causar e, de fato, já causamos bastante dano.

Por outro lado, essa necessidade de lutar por mais pode produzir uma tremenda alegria, quando uma saída adequada é encontrada. É a origem da criatividade, bondade e idealismo. Nos leva à realização da superação e também a um senso de responsabilidade pelo outro, ao cuidado, ao amor. Todas as religiões ensinam o amor. Essa é a razão fundamental para sua existência, apesar de toda evidência em contrário.

Por isso que tomar refúgio no Buda, Dharma e Sangha são o três primeiros preceitos. Estritamente falando, eles comprometem o praticante bodisatva ao Buda como professor, ao Dharma (ensinamento) como caminho, e a à Sangha (comunidade budista) como comunidade de apoio. Normalmente, no Zen, tomar refúgio nos três tesouros é entendido também num sentido mais amplo. O Buda é entendido como a natureza desperta inerente a todos os seres humanos (o impulso do bodisatva em direção ao amor e ao idealismo); o Dharma, como o modo de vida pacífico, sólido e aberto que é natural aos seres que querem despertar; e a Sangha, como a comunidade de todos os seres com quem se quer compartilhar a terra e o cosmos.

A Perfeição da Conduta Ética

A palavra *refúgio* vem da raiz do latim significando "voar de volta, retornar ao ninho". Voltar ao lar, à melhor e mais verdadeira natureza, um lugar de total segurança. O mundo é cheio de luta e paranoia. Governos não ajudam, a comunidade está fragmentada, amigos próximos traem, membros da família se irritam e param de falar com você ou, pior, ficam doentes e morrem, deixando você desolado. Num mundo assim, ter um sentimento ou refúgio em alguma coisa totalmente confiável é profundamente reconfortante. Fundamentar a vida na bondade humana básica e numa aspiração elevada é uma fonte de confiança e paz.

A prática ética judaico-cristã também começa com um comprometimento idealista em larga escala, que reforça os parâmetros mais mundanos para a conduta ética. Eis o primeiro dos Dez Mandamentos: "Eu sou o Senhor teu Deus, e Tu não terás outros Deuses além de mim."[15] Como acontece com tomar refúgio nos três tesouros, esse não é um preceito ético. É uma declaração de fé (embora possa soar como uma ordem). Na prática ética judaico-cristã, diferente da prática ética budista, a conduta ética é ordenada por Deus, a origem definitiva da vida e seu significado. Portanto, a bondade não é uma opção, mas um imperativo absoluto. Deus comanda sua conduta ética e Deus não pode ser negado. Essa é a razão por que cristãos e judeus frequentemente defendem princípios éticos inabaláveis (por exemplo, aborto e adultério são sempre pecados). Os comandos de Deus não estão sujeitos à negociação ou a particularidades de situações específicas.

No budismo, em contraste, a prática da conduta ética é um elemento integral, num caminho concebido para trazer entendimento e compaixão aos seres humanos. A boa conduta não é ordenada, é incentivada como essencial para um caminho em direção à felicidade e à liberação. Portanto, a ética budista tende a ser flexível. Como as outras perfeições do bodisatva, a perfeição da conduta ética também é permeada pela perfeição da compreensão (que reconhece a vacuidade de tudo). A conduta ética é vazia de conduta ética. Então, no caminho do bodisatva, a conduta ética é uma questão mais ampla e aberta – uma com mais dimensionalidade do que normas e regras imutáveis.

Evolução

Eu entendo por que algumas pessoas religiosas não gostam da teoria de Darwin sobre a evolução. A teoria evolucionista inicial parecia sugerir que a existência de um Deus e, consequentemente, de uma prática de conduta ética ordenada por Deus, não era fundamental para a humanidade. A evolução ensina que ser humano é ser animal, diferente e ainda assim fundamentalmente o mesmo que outros animais – não criaturas únicas, privilegiadas, feitas por Deus e à imagem do próprio Deus. A vontade de sobreviver é essencial a todos os animais. O mais apto sobrevive.

A sobrevivência foi concebida como o cerne da questão – poder, força e, principalmente, sorte a garantem. Não a bondade ou a proteção especial de Deus. Portanto, a teoria da evolução parecia enfraquecer a base da conduta ética Judaico-Cristã e mesmo a religião como um todo. Eram vistas, sob o enfoque da teoria da evolução, como ornamentos não essenciais, como desenvolvimentos culturais que poderiam atrasar o progresso da humanidade.

Mas a teoria da evolução evoluiu. Estudos posteriores, de biologia social, sugerem que cooperação, altruísmo, bondade, solicitude e amor são funções evolutivas poderosas. A capacidade humana para cooperação e comunicação podem ser nossa habilidade mais poderosa para a sobrevivência. Atualmente, quando encaramos o grande potencial de dano planetário em larga e devastadora escala, é possível que precisemos desenvolver essas habilidades mais do que nunca. Soluções técnicas para a mudança climática são mais ou menos conhecidas e factíveis. É a falta de cooperação e motivação, a falta de conexão humana, que nos impede de salvar a nós mesmos. Embora seja incrivelmente idealista, pode ser que o caminho do bodisatva e outros caminhos religiosos, que vão em direção ao amor universal, sejam a nossa ferramenta mais prática para o futuro. A perfeição da conduta ética – que purifica o coração de sua cobiça, avareza, autocentrismo e agressividade – é necessária para a sobrevivência da vida humana na terra.

A Perfeição da Conduta Ética

Preceitos

A prática da perfeição da conduta ética tem três aspectos. Primeiro, contenção – notar e checar o egoísmo consciente e inconsciente, que é contraproducente para o amor-próprio real e para o amor aos outros. Segundo, o desenvolvimento da virtude – cultivar qualidades positivas internas, combinadas com a conduta externa, que vai além da restrição até o encorajamento e o aumento de uma paixão interior pela bondade e cuidado. Terceiro, uma alegria completa do bodisatva em beneficiar os outros – amar e ajudar sem um sentido de contenção ou uma necessidade de desenvolver virtude. Bodisatvas estão além da virtude. Eles vivem expansivamente e de modo amoroso como seu mais excelente caminho de vida.

Depois do refúgio nos três tesouros, os próximos três preceitos do Zen, chamados de preceitos puros, representam esse processo de três passos da conduta ética:

Faço o voto de me abster de má conduta.
Faço o voto de cultivar conduta benéfica.
Faço o voto de beneficiar todos os seres.

O primeiro desses três votos é evitar a má conduta. Ser um bodisatva é ser um bodisatva em treinamento, com um longo caminho à frente. Agora, temos impulsos egoístas e de autopreservação: temos cobiça, somos avarentos, medrosos, territorialistas. Isso é normal. Não podemos fingir que somos melhores do que somos. Fingir é pernicioso. Todas as formas de desonestidade com nós mesmos impedem a prática da conduta ética. Quando nos sentamos em meditação, encaramos a total verdade de quem somos. A prática da conduta ética começa com o reconhecimento de que, algumas vezes, temos de restringir nossos impulsos. A prática contínua nos dá olho para ver o que é benéfico para nós mesmos e para os outros, e o que não é. Queremos acentuar o que é positivo e eliminar, ou ao menos cuidadosamente reduzir, o negativo. O primeiro preceito puro nos incita a praticar dessa maneira.

O segundo preceito puro é o outro lado da moeda – desenvolver a virtude e fazer o bem. Normalmente, pensamos que fazer o bem é realizar atos bondosos, fazendo doações à caridade, apoiando boas causas, agindo com gentileza e por aí vai. Esse preceito certamente quer dizer isso. Mas também significa sentir prazer genuíno em fazer o bem, não somente fazê-lo por obrigação, percebendo-o como gratificante, satisfatório, agradável.

Fazer o bem também inclui, especificamente, desenvolver virtudes que vêm diretamente de atos e rituais abertamente religiosos. Se você foi criado num contexto de qualquer religião, provavelmente foi ensinado a encarar a ida à igreja ou rezar como uma atividade solene e séria. Mas as práticas espirituais são, de fato, tão desafiadoras e envolventes quanto qualquer outra coisa – provavelmente ainda mais. Praticar esse preceito é notar, ampliar e fortalecer nosso amor e deleite na bondade em todas as suas formas, inclusive nas atividades religiosas. Você poderá até sentir prazer na restrição, quando começar a praticá-la. Restringir-se de atividades não edificantes ou danosas não é um sacrifício, mas sim um prazer. E, mais ainda, é um prazer fazer algo benéfico.

O terceiro preceito puro é o preceito do bodisatva: viver para beneficiar os outros. Isso significa que tudo o que você faz ao seguir os dois primeiros preceitos, você faz com o sentimento e a motivação de beneficiar os outros. Para os bodisatvas, a conduta ética é simplesmente cuidar dos outros (o que inclui a si mesmo) e agir a partir desse sentimento.

Os dez últimos preceitos Zen delineiam o tipo de conduta que desejamos restringir e o que queremos incentivar. São versões mais detalhadas dos dois primeiros preceitos. Tradicionalmente, os dez preceitos são ações a não fazer – não matar, roubar, mentir e por aí vai. Mas, há alguns anos, vi uma versão atribuída a Roshi Kobun Chino, um sacerdote Zen japonês da nossa família Soto Zen, chamada os Dez Preceitos da Mente Pura, que refletem o comentário do Mestre Zen Dogen sobre os preceitos. Nessa versão, Chino Roshi declara os preceitos tanto no positivo quando no negativo. Minha versão é baseada na dele:

A Perfeição da Conduta Ética

Faço o voto de proteger a vida, não matar.
Faço o voto de receber, não roubar.
Faço o voto de respeitar os outros,
não praticar conduta sexual inapropriada.
Faço o voto de ser verdadeiro, não mentir.
Faço o voto de praticar clareza, não intoxicar
meu corpo e mente, ou a de outros.
Faço o voto de falar com bondade, não difamar.
Faço o voto de falar com modéstia, não elogiar
a mim mesmo à custa dos outros.
Faço o voto de praticar generosidade,
não ser possessivo com nada.
Faço o voto de praticar a bondade amorosa,
não cultivar a má vontade.
Faço o voto de cuidar dos três tesouros e poli-lo.

Faço o voto de proteger a vida, não matar. Se me importo com a vida, naturalmente quero respeitá-la e protegê-la. Por que matar até mesmo um inseto sem necessidade? Em vez de pisar sem pensar numa aranha, eu a percebo como outro ser precioso, muito similar a mim, que merece viver. E por que comer um monte de animais se eu não preciso? Por que não os respeitar, como se suas vidas importassem? Por extensão, esse preceito significa que é nosso desejo promover a vida na interação com os outros – amá-los, respeitá-los e ajudá-los a viver e prosperar, em vez de estimular sua negatividade.

Faço o voto de receber, não roubar. Quando bens materiais surgem na minha vida, mesmo quando pago por eles, por que não os ver como oferendas, fornecidos por muitas mãos e corações? Por que não os apreciar como tal, em vez de sentir que tenho o direito de receber pelo que paguei?

Faço o voto de respeitar os outros, não praticar conduta sexual inapropriada. Em questões relativas a sexo, é essencial ser sincero e direto: não usar os outros para o meu próprio prazer, mas cuidar deles tanto e até mais do que a mim mesmo. Como uma pessoa casada por muitos anos, sempre senti que fidelidade sexual é algo essencial. Não vejo como ser totalmente honesto e íntimo com minha mulher se a estiver enganando

e compartilhando nossa intimidade marital com outros. Hoje, há uma extensão mais ampla de permissividade sexual do que uma geração atrás. O preceito não codifica que tipos de atividade sexual são aceitáveis ou não. Em vez disso, pede por respeito, cuidado e reflexão profunda para assegurar que qualquer atividade sexual leve o outro profundamente em conta. Sexo é poderoso. Incita paixões intensas e, às vezes, surpreendentes. Já que é uma parte importante de ser humano, faz sentido cuidar especialmente bem dele.

> Faço o voto de praticar a verdade, não mentir.
> Faço o voto de falar com bondade, não difamar
> Faço o voto de praticar a modéstia, não elogiar
> a mim mesmo à custa dos outros.

A fala, como o sexo, é uma prática humana básica. O preceito da fala nos pede para não mentir, não elogiar a nós mesmos à custa dos outros, não difamar. Às vezes, esses preceitos são complicados. Gosto de incrementar uma história para fazê-la parecer mais interessante, mas devo tomar cuidado para não mentir (embora um pouco de cor seja bom). Neste ponto de minha vida, não falar bem dos outros é doloroso para mim. Simplesmente não consigo. Não vejo sentido em difamar ninguém. Se é necessário ser crítico, posso fazê-lo sem ser indelicado. Mas a verdade é: há muito menos necessidade de sermos críticos do que pensamos. Como acontece com os outros preceitos, o da fala não nos diz o que ou como dizer. Ele reconhece a complexidade dos atos da fala. Contexto, tom de voz, quem está falando e quem está ouvindo – tudo importa. Há um tempo certo e um errado de dizer as coisas e uma boa e uma má maneira de dizê-las. O mais importante é checar a intenção por trás de nossas palavras e ser o mais amável e inofensivo possível. Se percebemos que não estamos com uma motivação gentil, que estamos nos sentindo muito agressivos e feridos, é melhor esperar um pouco antes de falarmos.

O que esse preceito nos ensina de mais importante é que nossas palavras têm valor. Elas são muito mais poderosas do

que pensamos. Quando a fala indelicada ou mesmo cruel é praticada, especialmente em público, mal está sendo feito. Em tempos de comunicação via Internet, onde vários formatos online encorajam a fala rápida e inteligente, praticar esses preceitos em todos os espaços de comunicação existentes é mais importante do que nunca.

Faço o voto de praticar clareza, não intoxicar meu corpo e mente, ou a outros. No Zen, ao menos na nossa linhagem, o preceito contra a intoxicação significa literalmente não se intoxicar. Não significa que não se pode ser sociável e compartilhar bebidas alcoólicas com os amigos. Eu faço isso. Mas ficar embriagado para se sentir menos inibido ou evitar lidar com dificuldades emocionais é uma prática muito ruim. Diferente do álcool, drogas psicotrópicas, até onde sei, sempre produzem intoxicação, então usá-las violaria esse preceito. Em algumas linhagens budistas, o preceito contra a intoxicação é ignorado, enquanto em outras, abstinência completa de todas as substâncias intoxicantes é exigida. O significado desse preceito é comumente estendido não só a substâncias, mas a tudo que pode ser intoxicante. Trabalho, entretenimento, até mesmo a prática espiritual pode ser intoxicante. Professores espirituais tentam seguir esse preceito não falando ou se apresentando de uma maneira a atrair os ouvintes, intoxicando-os com uma mensagem inspiradora.

Faço o voto de praticar a generosidade, não ser possessivo com nada. Esse preceito faz referência a tudo que dissemos no capítulo prévio sobre a generosidade em todas as suas dimensões. Nesse caso, como preceito de prática, somos intimados a observar nossa mesquinhez. É uma prática difícil para mim. Tendo crescido de forma simples, facilmente me encontro numa atitude de carência, frequentemente sentindo um impulso a me apegar a dinheiro e bens materiais. Perceber que isso é o oposto do que estou tentando fazer, notando que isso traz um sentimento de constrição e dor, é a minha prática.

Faço o voto de praticar o amor, não cultivar a má vontade. Não cultivar a má vontade não significa nunca ficar com raiva. Significa que, quando você fica com raiva, você sabe, você sabe

que não ajuda em nada e você deixa a raiva ir embora assim que consegue, em vez de se apegar a ela com justificativas. Eu quase não sinto raiva das outras pessoas e, não tão frequentemente, de mim mesmo. Fico com raiva de pacotes que não abrem, objetos que voam de minhas mãos para o chão, portas presas, computadores que se recusam a fazer o que foram comprados para fazer. Mas estou trabalhando nisso e ficando melhor. (Vou falar muito mais sobre raiva no próximo capítulo).

Faço o voto de cuidar e polir os três tesouros. Esse último nos leva de volta ao começo: nosso comprometimento com os três refúgios do Buda, Dharma e Sangha. Aqui, estamos fazendo o compromisso de pensar e falar sobre os três tesouros de uma maneira respeitosa. Naturalmente, vamos nos sentir cínicos em relação aos ensinamentos e à prática de tempos em tempos. Quando o fazemos, entendemos isso como um sinal de que estamos um pouco fora da trilha, que provavelmente precisamos lidar com algo que está acontecendo em nossas vidas. Esse preceito também nos lembra que se não cuidarmos e polirmos os três tesouros, eles vão ficar manchados. Eles precisam ser cuidados se vão continuar a ser um recurso para a humanidade.

Esses comentários oferecem um esboço sucinto de como poderia ser praticar os Dez Preceitos da Mente Pura. Mas temo que meus comentários possam parecer enganosos. Posso ter dado a entender que praticar os preceitos é simples e direto. Não é. Não está claro como esses preceitos podem aparecer em situações humanas complexas e específicas. Praticar o amor pode ser diferente em momentos e situações diferentes. Por vezes, pode tomar a forma de um grito ou uma recusa. Às vezes, ficar com raiva é necessário para fazer com que um comportamento ruim ou abusivo pare imediatamente. O que é apropriado em uma situação pode ser inapropriado em outra. Tudo depende das circunstâncias – o tempo, o lugar, a pessoa. Então você deve exercitar o entendimento e os meios hábeis e checar, o quanto possível, suas intenções. Boas intenções não asseguram boa conduta, mas ajudam. Mesmo assim, o autoengano sempre é possível. Provavelmente, a maior parte das pessoas que faz coisas terríveis acredita

que suas intenções são boas e que elas são boas pessoas justificadamente destruindo pessoas más que merecem ser destruídas. Bodisatvas não veem o mundo assim. Para eles, boas intenções sempre envolvem generosidade em relação aos outros.

A prática dos preceitos pode ser ainda mais obscura quando nós a estendemos, além do pessoal e interpessoal, para as responsabilidades sociais e globais, esferas em que a conduta ética certamente deve ser praticada. O que é roubar ou não roubar em um mundo cheio de roubalheira institucional? O que é não cultivar má vontade em um mundo em que uma energia forte de oposição é, às vezes, necessária para derrubar a injustiça social? "Fazer o bem" pode, às vezes, ditar que um líder político ou partido seja ativamente apoiado e outro tenazmente combatido? Há alguma política ou teoria de governo em particular implícita nos preceitos? Não matar sempre significa não-violência? Ou pode o uso da violência, às vezes, ser justificado em situações particularmente terríveis, como menos prejudicial do que a não-violência? Não há resposta absoluta para nenhuma dessas questões. Num mundo complexo, muitos dilemas éticos não oferecem boas opções, somente opções menos más. Ninguém que viva num mundo violento e injusto pode reivindicar pureza ética, ou mesmo semipureza.

Apesar dessas e outras questões, a prática clara da conduta ética é essencial. Se situações específicas podem, às vezes, ser confusas, o impulso básico da conduta ética não o é. Fundamentalmente, evitar o mal, fazer o bem e beneficiar os outros sempre servem como uma bússola moral, mesmo em situações complicadas. Comprometidos com esses princípios, temos que decidir, em qualquer situação, o que de melhor pode ser feito. Desde que sempre estejamos trabalhando para desenvolver claridade, gentileza e amor, e tentando reduzir a obsessão por nós mesmos, podemos confiar que seremos capazes de decidir o que é o melhor, do ponto de vista atual. Se nossa melhor decisão acabar sendo errada, nos desculpamos, praticamos o pesar e o arrependimento, e seguimos com a próxima escolha, mais sábios do que antes.

Pesar e arrependimento

Pesar e arrependimento são elementos-chave na prática de conduta ética. Bodisatvas sabem que eles cometeram e irão cometer erros. Ao trilhar o caminho da perfeição, eles sabem que há uma longa jornada pela frente. O principal é entender o caminho e ser honesto sobre o que de fato estão fazendo em qualquer estágio da jornada.

Então, quando vemos nossos erros, não os justificamos ou negamos. Sentimos pesar e remorso. Cultivamos esses sentimentos. *Queremos* nos sentir terríveis quando machucamos alguém. Sentir-se terrível faz bem, porque é bom sentir-se mal quando causamos mal. Seria pior machucar alguém e seguir com a vida, como se não importasse. Pesar e remorso me mantém honesto e me levam ao arrependimento, que inclui um pedido de desculpas, consertar as coisas se eu puder e me comprometer a não fazer o mesmo de novo.

Provavelmente, em algumas situações, iremos passar por esse processo repetidamente, porque iremos cometer o mesmo erro diversas vezes, mesmo que não o queiramos. Desde que estejamos dispostos a sentir pesar e arrependimento, sabemos que está tudo bem. A prática segue em frente como é, e estamos comprometidos a continuar na direção certa. Nada ajuda mais do que os erros. Apesar de trabalharmos duro para não os cometer e apesar de sofrermos muito quando os fazemos! Bodisatvas não estão tentando evitar o sofrimento (vamos ouvir muito sobre isso no próximo capítulo). Eles sabem que sofrimento e dificuldades aprofundam o coração e fortalecem a compaixão. Nesse sentido, sentir-se péssimo é bom para os bodisatvas.

Mas há uma grande diferença entre o pesar por ter cometido uma ação danosa e chegar à conclusão de que somos pessoas inerentemente más, condenadas a fazer coisas ruins. É uma perspectiva budista profundamente arraigada de que não existe uma pessoa fixa, muito menos uma pessoa inerentemente má ou inadequada. Existe somente o que acontece, surgimento e cessação de momento a momento de acordo com as condições.

Há tendências, hábito, há responsabilidade pela ação. Mas nada disso é motivo para nos sentirmos culpados por sermos quem somos, como se uma semente substancial de mal ou inadequação estivesse alojada dentro de nós. Se nos sentimos assim em relação a nós mesmos, sabemos que é apenas um sentimento – pessoal, psicológico e surgindo de um hábito cultural. É verdadeiro somente nesse sentido, não é baseado em nenhum fato evidente por si só. Quando cometemos um erro e nos deixamos levar por profunda autodepreciarão, lembramos o que é verdadeiro: fizemos algo que machucou alguém. Nos arrependemos. Assumimos a responsabilidade porque é bom para nós e para os outros. Mas não há culpa. E o senso de vergonha e autodesprezo é um excesso. Não há razão real para eles, e não ajuda em nada. Provavelmente, se temos um condicionamento como esse, teremos de repetir essa ação muitas vezes antes de terminarmos com ela.

A prática do perdão

Verdade seja dita, é muito fácil deixar as coisas como estão. Sejamos honestos: se recriminar, sentir culpa e vergonha são sentimentos convincentes. Eles condicionam muito do que sentimos e pensamos sobre a nossa vida. Nós temos que lidar com eles. A única coisa que os cura é o amor.

O caminho do bodisatva é um caminho de amor. Bodisatvas precisam de amor, oferecem amor, não podem viver sem amor. O amor está sempre disponível. O fluir do amor, a abundância inerente da vida, é constante.

Ainda assim, esse fluxo às vezes parece bloqueado. Às vezes, o mundo não parece um lugar amoroso. O que aconteceu?

Nós fomos machucados e nós machucamos os outros. Mesmo que não tenhamos sido muito machucados ou machucado demais os outros, tanto machucar já aconteceu no passado da humanidade que está gravado no nosso DNA. Ninguém escapa das cicatrizes. Elas obstruem o fluir do amor. Esses ferimentos

que ecoam do passado da humanidade continuam retornando diariamente. Nós os sentimos com frequência nos nossos compromissos diários. O mundo consiste em pessoas feridas que se tornaram duras, alienadas, distantes.

Portanto, a prática do perdão é elementar. Não é necessário que alguém nos tenha feito alguma coisa ou tenhamos causado dano a outros. A dor está sempre lá. Precisamos perdoar o mundo por ser como é, os outros por serem como são e a nós mesmos por sermos como somos. E precisamos ser perdoados por nós mesmos, pelos outros e pela vida. Aqueles que se sentem perto de Deus buscam o perdão de Deus. O perdão é uma prática básica para os bodisatvas. Surge das profundezas de seu sofrimento e de sua compreensão amorosa do mundo doloroso no qual vivemos.

O perdão limpa o coração do ressentimento e da culpa. Ressentimento significa, literalmente, "re-sentir", repetir a dor de novo e de novo. Isso é desagradável, então é natural querermos encontrar alguém para culpar. Por causa dele, por causa dela, por causa deles, isso aconteceu comigo. Pode ser verdade. Mas culpe o barulho do coração, tornando quase impossível ouvir os tons mais claros e gentis que nos inspiram a praticar a bondade. Praticar o perdão é aquietar as coisas de modo que possamos nos escutar melhor.

Não podemos praticar o perdão agressivamente. Não podemos segurá-lo. Nós o praticamos simplesmente estando dispostos a notar a dor e depois a culpa e o ressentimento que adicionamos a isso; admitir para nós mesmos que, em verdade, não queremos perdoar ou ser perdoados, que somos viciados na dor que estamos encobrindo com a dureza de nosso coração.

Então você nota a dor. Você se permite senti-la. Você para de culpar e lamentar seu destino. Você respira e diz para você mesmo: "sim, sim, é assim mesmo".

Quando você faz isso repetidamente, o barulho se aquieta e você sente a tristeza e a vergonha por trás da dor. Você começa a aceitar. Você não precisa culpar ninguém. Aconteceu, foi exatamente assim. Você não precisa revivê-la de novo e de novo. Está feito.

Esse sentimento de "está feito" é o perdão. Você não pode chegar a ele de nenhuma outra forma a não ser atravessando os sentimentos difíceis. O perdão não é tanto algo, é mais a falta de algo: seu ressentimento e amargura. Quando você perdoa, seu coração fica aliviado, você pode crescer e você está livre. Se você, de fato, se aproxima ou não da pessoa que o machucou (se for esse o caso) e a "perdoa", depende da situação. Mas faça sentido ou não para você fazer isso, você praticou o perdão e isso aprofundou sua empatia e compreensão.

Carma

Por trás da prática da conduta ética do bodisatva, está a ideia de carma. Carma é ação. Ação importa, é efetiva. Ação inclui intenção e vontade. A qualidade do seu pensar e do seu sentir é importante.

Ações produzem resultados que rimam com elas. Boas ações produzem bons resultados; más ações, maus resultados. Você sabe que isso é verdade: quando você pensa, fala e age com bondade, você se sente bem, e a chance dos outros corresponderem à sua bondade são boas. Quando você pensa, fala e age com um espírito ruim, você se sente infeliz e terá menos chance de receber reações benéficas dos outros. A conclusão é bem sensata e prática – para ser feliz e para ter bons relacionamentos, vale a pena falar, agir e pensar de uma maneira bondosa, e evitar fala, ação e pensamento ruins. Isso é a base do carma e, também, um senso comum.

Na Índia antiga, antes do Buda, carma não era, particularmente, entendido dessa forma. Era tido como uma fatalidade, uma força cósmica. Os seres humanos viviam uma vida breve no contexto de muitas vidas girando no ciclo cósmico. A posição de alguém nessa vida era resultado de carma acumulado em vidas passadas. Nessa vida, a coisa mais importante era viver fielmente de acordo com o estado em que o carma de seu nascimento o colocou. Toda casta tinha seu próprio carma

inescapável ao qual cada indivíduo estava sujeito. Havia mais eficácia cármica no ritual cósmico e em cumprir seu dever do que na conduta moral pessoal.

A inovação radical do Buda foi enfatizar o poder e a importância crucial da escolha ética pessoal. Ao escolher fazer o bem e evitar más ações, o indivíduo poderia mudar o seu destino. Buda sentia que qualquer indivíduo, sem importar a sua posição ao nascer, poderia alcançar dignidade e bondade, e essa conduta – não o ritual ou meramente satisfazer um papel social – era a modeladora de nosso destino. Buda foi também o primeiro grande moralista e radical social: qualquer um era elegível para fazer parte de sua comunidade e atingir dignidade e status, independentemente de casta ou gênero.

Os ensinamentos budistas sobre carma são práticos e empoderadores, razões pelas quais o budismo é tão bem aceito em nosso tempo e lugar. Os ensinamentos sobre o carma fornecem um mapa para mais felicidade e menos miséria, que não requer uma restrição excessiva ou um sistema de crenças em especial. A pessoa simplesmente observa ações e resultados, e ajusta a conduta.

Por várias vezes, mencionei a ideia budista básica de que não há pessoas fixas. Portanto, o ensinamento sobre o carma enfatiza que, apesar de haver ação e consequência, não há "dono" das ações. Os ensinamentos reconhecem o poder persuasivo da ilusão de um eu contínuo. Reconhecem que essa ilusão está embutida na natureza da percepção e consciência. Mas eles dizem que o que chamamos de eu é, em realidade, um processo, não uma entidade. Apesar de não haver o "eu" que receba os resultados de minhas ações, minhas ações são efetivas o tempo todo no fluxo contínuo de eventos que considero como "minha" vida.

O que isso significa para a prática da conduta ética é que, no momento presente, sou confrontado com uma situação que não é minha culpa. É o resultado de muitos fatores, dentre os quais estão minhas ações passadas. Mas o "eu" que realizou essas ações já se foi. O processo de minha vida foi além desse "eu" para um novo eu, surgindo agora como a ilusão desse

momento-processo em particular. Mesmo que as minhas ações passadas estúpidas tenham causado o apuro em que estou, ainda assim não é minha culpa. Eu pratico o arrependimento e o remorso, porque eles são benéficos, mas eu não me ponho para baixo ou me torno assolado pela culpa, porque não é mesmo minha culpa! Ainda assim, é minha responsabilidade. Aqui está este momento, esta situação. O que farei a respeito?

O carma é a ação voluntária a qual tenho sempre o poder e a responsabilidade de exercer. Minhas escolhas terão grande poder em determinar os momentos futuros de minha vida. Mas esses momentos futuros são determinados por muitos outros fatores também.

Causalidade, frequentemente chamada "coprodução condicionada" ou "interdependência", é um conceito mais amplo do que carma, embora às vezes as palavras sejam usadas como intercambiáveis. Claramente, não estou criando a minha vida sozinho. Ações são importantes, mas o próximo momento de minha vida surge sob a dependência de uma quase infinita variedade de fatores causais além de minhas ações – sol, céu, vento, terra, governo, cultura e linguagem, existência anterior de meus pais e de um passado humano inteiro –, mesmo o fato de que há a própria existência.

É por isto que não podemos controlar ou prever o que vai acontecer. Podemos ser inteiramente gentis e bons, mas ter uma vida terrível de qualquer forma. Podemos manipular, trair e roubar, e ainda assim tudo sai bem. A teoria budista do carma explica essas injustiças cármicas com a ideia de vidas passadas e futuras. Más ações *irão* conduzir a maus resultados – se não nesta vida, certamente em vidas por vir. Boas ações *irão* ser recompensadas – se não nesta vida, então em vidas por vir. Isso não é diferente da ideia cristã de recompensa celestial e punição no Hades.

Mas o que vidas passadas e futuras significam quando não há "pessoa"?

Já falamos sobre a impermanência radical. As coisas surgem e desaparecem simultaneamente a cada momento. Não há nem mesmo um pontinho de qualquer coisa restando. Nada. Ainda

assim, há a continuidade do ser. O ser continua. Carma e causalidade produzem momentos na continuidade um com o outro, apesar de, a rigor, não haver nada senão o fluir desses momentos.

Então, no budismo há ambas as coisas. Por um lado, nenhuma pessoa renasce. Quando a pessoa que sou morre, nada dela restará. Um ser nascido depois de meu falecimento não será "eu" em qualquer sentido. No entanto, para me motivar a fazer o bem e a evitar o mal, o budismo quer que eu me importe apaixonadamente com o que acontecerá com essa pessoa no futuro, sentir que essa pessoa futura sou eu renascido, e que se ela ou ele sofrerem, sou eu quem sofro. Talvez Buda tenha pego a crença local preexistente no renascimento e decidiu que, em vez de refutá-la, ele faria uso dela para reforçar seu argumento – que a ação responsável é crucialmente importante, para o presente e para o futuro.

Certamente, há muitas pessoas que têm certeza de que existem vidas passadas porque lembram delas, ou têm vários tipos de experiências estranhas que parecem indicar que elas e outros tenham tido outras vidas. Isso é lugar-comum na cultura tibetana, na qual vários testes são realizados para saber quem é reencarnação de quem. E há várias pessoas clarividentes, que sentem que podem saber quem você foi numa vida passada ou quem você será numa vida futura. Sem dúvida, parte disso é intencionalmente fingido e parte é sincera, mas equivocada. Mas quem sabe? A sequência da vida, além da morte, é território completamente desconhecido e certamente não pode ser estudado pelos métodos científicos convencionais, então quem pode dizer o que é verdade ou não – ou se essas categorias de verdadeiro e falso até mesmo se aplicam?

Não sei sobre vidas passadas e futuras. Mas sei que, para trilhar de forma eficiente o caminho imaginativo do bodisatva, preciso enxergar minha vida sob um foco mais amplo do que o mundano. Se minha vida envolve apenas o que acontece durante o breve intervalo de tempo linear entre meu nascimento e morte, durante o qual eu posso permanecer um indivíduo desconectado de todos a não ser meus parceiros mais próxi-

mos, e mesmo assim não tanto, então a falta de sentido e o desespero ou o interesse próprio e o hedonismo podem parecer as melhores opções. Posso imaginar viver uma vida espiritual só para mim nessa única vida, mas isso parece ser uma visão limitada. O tempo não é somente linear. Meus estudos budistas me convenceram disso, e entendo que físicos corroboram essa visão com seus experimentos. Se o tempo não é uma corrente na qual estamos nadando, se as coisas aparecem e desaparecem ao mesmo tempo e não há entidade separada fora dele chamada "tempo"; se tempo é ser, e o intervalo entre um momento e outro e o intervalo entre a morte de alguém e o nascimento de alguém são o mesmo intervalo, então muito do que tomamos como certo, sobre o que a vida é e quem somos, precisa ser seriamente revisto.

Nesse sentido, penso que o caminho do bodisatva requer fé no renascimento. É bom ter uma visão psicologicamente orientada de que a prática espiritual faz sentido para esta vida, mas há mais além disso. O caminho do bodisatva é psicológico, mas é também religioso – lida com experiências, pensamentos e atitudes que não podemos explicar totalmente ou mesmo conceber. É um caminho que requer imaginação.

A vacuidade da conduta ética

Como disse no início do capítulo, a perfeição da conduta ética vai além da prática convencional da conduta ética.

No caminho do bodisatva da imaginação máxima, quando inocentemente escolhemos um fio e o seguimos longe o suficiente e imaginativamente o suficiente, terminamos em algum lugar bem longe no cosmos.

Cada uma das seis perfeições está imbuída da perfeição da compreensão, que vê a verdade da natureza vazia de todas as coisas. Naturalmente, nossa discussão da simples conduta ética iria terminar em mistério e vacuidade. Assim como, em realidade, não há doador, doação ou quem recebe, também não há

machucar, ninguém a quem machucar e ninguém que possa ser machucado. Não há conduta ética.

Dizer isso pode soar assustador, como se valesse tudo, uma vez que apreciamos a vacuidade, podemos ir em frente e cometer tantos pecados quanto quisermos. Mas não é o caso. Compreender que não há pessoas efetivas, que o ser é o fluir do amor, faz-nos muito mais apaixonados por fazer o bem e não fazer o mal. Não estamos tentando ser virtuosos, não estamos agindo a partir do medo. Simplesmente, agimos de acordo com a maneira que as coisas são. Não há outra maneira.

A percepção da vacuidade nos torna flexíveis, abertos, suaves e inclinados ao perdão quando praticamos a perfeição da conduta ética. Sabemos que nunca podemos condenar ninguém, nós mesmos ou qualquer outra pessoa. Todos estão fazendo o que podem, assim como nós. Sim, às vezes a restrição é necessária, restringir a si mesmo ou a outra pessoa. Mas esse tipo de restrição é um ato de bondade, não de punição baseada em superioridade moral. Na prática da perfeição da conduta ética, não há traço de intolerância ou arrogância, não há senso de pureza ou impureza ética. Há somente amor, perdão e apreciação.

Dogen sobre a perfeição da conduta ética

No texto de Dogen citado no capítulo anterior, "Os Quatro Métodos de Orientação do Bodisatva", o segundo método dele, fala bondosa, é uma das práticas-chave da perfeição da conduta ética. Fala bondosa, ele diz, surge de um coração compassivo. Mais do que uma maneira de falar, é a expressão total de um coração terno. "Você deve falar com os seres sencientes como se fala com um bebê", ele diz – ciente, suponho, de que todos nós somos como bebês ternos que necessitam do tipo de amor que uma criança precisa.

Ofereça a fala bondosa, ele diz, especialmente para aqueles sem virtude. Nós pensamos que pessoas sem virtude não merecem nossas palavras bondosas. Deveríamos condená-las ou cri-

ticá-las ou, ao menos, tratá-las de forma neutra. Por que falar bondosamente com uma pessoa desagradável e pouco atraente? Quem faria isso? Mas Dogen diz o oposto: se você oferecer a fala bondosa a uma pessoa assim, você ficará deslumbrado com o seu poder: virtude surgirá de onde você pensava não haver nenhuma. Não desista nunca da fala bondosa, confie nela, mundo após mundo, vida após vida. "Fala bondosa", ele conclui, "tem o poder de mudar o destino de uma nação".[16]

Como disse no capítulo anterior, Dogen tem uma grande capacidade para a imaginação. Ele sempre diz o inesperado. Quem faria tais afirmações sobre o simples ato de falar? Mas parece que ele quer dizer exatamente isso. Ter tanta fé assim no simples ato de falar bondosamente é uma típica extravagância de bodisatva. Os bodisatvas veem possibilidades bem além do ordinário.

Versos sobre a perfeição da conduta ética

Eis aqui versos de Tokme Zongpo sobre a segunda perfeição, de seu texto "As Trinta e sete Práticas de Um Bodisatva":

> Se você não pode cuidar de si mesmo
> porque não tem disciplina ética,
> Então sua intenção de cuidar dos outros
> é simplesmente uma piada.
> Cumpra o comportamento ético sem preocupação
> Com uma vida convencional – essa é a prática
> de um bodisatva.[17]

De novo, as palavras simples de Tokme Zongpo vão ao cerne do assunto. A prática da perfeição da conduta ética é simplesmente cuidar de si mesmo: é autocuidado. Eu fico sempre espantado quando vejo as pessoas agindo, cegamente, tolamente e sem se preocupar com seu próprio comportamento. Elas acham que vão se safar? Elas imaginam que não prestar atenção aos seus corpos, mentes e ações não terá o seu preço, de uma maneira ou de outra? Se você não consegue tomar um cuidado decente consigo mesmo, como você será um bodisatva

que cuida dos outros? O compromisso de beneficiar os outros começa com você mesmo. Essa ideia singela, que parece perfeitamente clara para Tokme Zongpo, é provavelmente uma grande novidade para a maioria de nós. Como um tibetano, Tokme Zongpo sabe disso muito bem. Não causa espanto que a cultura tibetana seja tão bem-vista no ocidente.

Seu segundo ponto também é importante. A maioria das pessoas pratica a conduta ética porque é o convencional. Queremos que as pessoas pensem bem de nós, que não pensem que somos criaturas indecentes que fazem coisas questionáveis. Mas os bodisatvas não estão de modo algum preocupados em como eles aparentam ser para as outras pessoas. Frequentemente, eles parecem tolos e ingênuos. Mas tudo bem. Eles vão adiante com sua preocupação em tomar conta de si mesmos e dos outros, não importa como isso pareça. Eles nem se dão conta.

Aqui estão alguns versos sobre a perfeição da conduta ética no *Sutra Prajanaparamita em Oito Mil Linhas*:

> Pela moralidade, aqueles que perseguem
> a calma são elevados...
> Não importa quantas ações restritivas
> eles cumpram,
> Eles as dedicam à iluminação para o
> benefício de todos os seres.[18]

Esse verso adiciona mais dois pensamentos ao que dissemos. Primeiro, associa conduta ética com calma. É verdade – comportamento de má qualidade faz você nervoso, ansioso e inquieto. É ruim para sua saúde. Cria um efeito cascata para condutas ainda mais nervosas e desestabilizadoras da vida. Segundo, essa estrofe menciona a dedicação do mérito, como discutimos no capítulo sobre generosidade. Apesar da prática da conduta ética nos acalmar e ser a melhor forma de tomarmos conta de nós mesmos, devemos exercê-la com um desejo de beneficiar os outros, não somente para nós mesmos ou porque é uma coisa boa a se fazer. Tudo na prática do bodisatva é dedicado ao benefício dos outros.

Práticas

Práticas de meditação

» Sente-se e preste atenção no seu corpo. Agora, preste atenção na sua respiração, inspirando e expirando, enquanto sua barriga sobe e desce. Quando você se sentir tranquilo e calmo, traga a atenção para as atividades do seu dia. Convide qualquer memória ou sentimento que toque em palavras ou atos ditos ou realizados durante o dia, que possam ter tido um impacto negativo ou positivo nos outros. O principal não é rever os detalhes, mas sim ter consciência de quais sentimentos surgem quando você relembra os acontecimentos do dia. Pratique assim por algum tempo, depois deixe essa contemplação de lado e retorne sua atenção para a respiração.

» Coloque-se em meditação como acima. Foque a atenção na bondade no seu coração. Sinta o calor no seu tronco. Diga para você mesmo: "isso é a bondade humana. Todos a têm como eu a tenho".

» Coloque-se em meditação. Sinta a completude em cada respiração. Note como você expira e inspira, naturalmente–exatamente suficiente ar entrando, exatamente saindo. Isso é contentamento. Nada mais é preciso. Sinta o contentamento inerente em cada respiração. Reflita que todo momento é assim. Todo momento contém seu próprio contentamento.

» Meditação do Perdão. Ponha-se em meditação. Lembra-se de alguém que você conheça, que precise perdoar. Apenas deixe a imagem da pessoa ou a sensação de quem ela é surgir em sua mente. Sinta os sentimentos. Observe o que acontece sem se envolver. Deixe os sentimentos irem e virem. Não tente perdoar, apenas esteja presente.

- » Meditação da bondade amorosa. Ponha-se em meditação. Imagine alguém que você ame sentado à sua frente. Quando expirar, envie a essa pessoa uma energia de amor e cura a partir do seu coração. Agora, imagine uma pessoa neutra, ou um conhecido. Quando exalar, envie para essa pessoa uma energia de amor e cura do seu coração. Pratique desse modo com todos os seres em todos os lugares. Depois, com alguém quem você não goste. Por fim, retorne a descansar na sua respiração.
- » Suas próprias práticas nunca antes vistas ou ouvidas ou tomadas de outras fontes.

Práticas da vida diária

Pratique com os Dez Preceitos da Mente Pura em sucessão por uma semana cada. Escreva o preceito, ponha em algum lugar em sua casa onde possa vê-lo, olhe-o todos os dias, mantenha-o em sua mente. Observe sua conduta através das lentes do preceito.

Práticas de fala

- » Por uma semana, tente não criticar ninguém.
- » Por uma semana, pratique a fala bondosa, dizendo para todos que encontrar, em algum momento, que você o aprecia e por quê.
- » Por uma semana, tente não acreditar que você entende os motivos ou atos de alguém. Presuma que eles tenham razões que você não conheça.
- » Por uma semana, sempre que acontecer alguma coisa que você não goste, pequena ou grande, repita a frase: "sim, é assim que as coisas são". Tente refletir como isso se aplica à situação específica em que você se encontra.

A Perfeição da Conduta Ética

» Pratique com a autodepreciação. Por uma semana, preste atenção em qualquer momento em que você se sentir mal consigo mesmo. Treine-se para procurar por esses momentos e esteja energizado quando eles surgirem: "Que bom! Tenho uma chance para praticar". Simplesmente observe qualquer coisa que puder sobre o sentimento, o que faz com que ele surja, como o sente, que tipo de pensamento surge como resultado do sentimento. Se você quiser, pode escrever sobre essa prática.

» Ao final de cada dia, dedique o benefício de tudo que realizou para o benefício de todos. Talvez você possa escrever um verso curto sobre o assunto e lê-lo, como uma oração, antes de dormir.

» Memorize os versos de Tokme Zongpo e o Sutra Prajnaparamita Em Oito Mil Linhas. Repita-os tantas vezes quanto puder durante o dia para lembrar-se da prática da conduta ética.

» Suas próprias práticas nunca antes vistas ou ouvidas ou tomadas de outras fontes.

4. A Perfeição da Paciência

A perfeição da paciência é *kshanti paramita,* em sânscrito. *Kshanti* pode ser traduzido como "paciência", "aceitação" ou "tolerância", mas essas palavras não capturam a totalidade de *kshanti,* porque todas implicam em um tipo de quietude ou passividade. Ser paciente pode ser entendido como sofrer silenciosamente, como um paciente em um hospital que não pode ministrar sua própria cura, precisa esperar pelos outros. Aceitação tem um sentido ainda maior de resistir quietamente. Tolerância implica em um tipo de negligência benigna – não corrigindo, consertando ou reclamando, mas sendo tolerante. Por outro lado, tolerância também pressupõe uma mente aberta: uma pessoa tolerante está aberta a visões e ações dos outros, nem condenando nem rejeitando.

Apesar de todas essas palavras refletirem em parte o que significa *kshanti, kshanti paramita* vai além. Praticar *kshanti paramita* é pacientemente, tolerantemente, aceitar adversidades e dificuldades–mas não passivamente. A perfeição da paciência é transformadora. Ela transforma circunstâncias difíceis, de infortúnios ou desastres, em benefício espiritual. Por isso, é uma prática particularmente poderosa, primordial e essencial. Uma pessoa que a desenvolva tem força de caráter, visão, coragem, dignidade e profundidade, compreende algo profundo sobre os seres humanos e sobre como amá-los. Estou usando *perfeição da paciência* para denotar *kshanti paramita* porque estamos tão profundamente impacientes em relação a tudo atualmente. Podemos usar uma dose da boa e velha paciência. Mas entenda que estou usando a palavra *paciência* neste sentido especial e completo.

Paciência é a mais importante de todas as práticas do bodisatva porque, sem ela, todas as outras vão acabar falhando. É muito fácil praticar meditação, generosidade, conduta ética e todas as outras maravilhosas práticas quando as coisas estão indo bem. Mas quando as coisas desabam – como inevitavelmente acontece de tempos em tempos – voltamos aos antigos padrões. Ao longo dos anos, muitas pessoas me disseram que lamentavam não estar cuidando de suas práticas espirituais, mas que no momento não estavam praticando por causa de revezes pessoais e iriam retomar assim que as coisas melhorem. O que elas não entenderam é que os tempos difíceis são os mais frutíferos para a prática espiritual, porque são exatamente quando a paciência entra em ação. Quando as coisas ficam difíceis, você deve intensificar sua prática em vez de deixá-la de lado.

É natural se afastar diante da dificuldade. Adquirimos esse hábito poderoso honestamente, porque ninguém quer ir em direção à dor. Queremos ir para outro lugar, tirar um intervalo, pensar em outra coisa, nos livrarmos, se possível. Com a prática da paciência, nos treinamos a fazer o oposto: nos voltar em direção à dificuldade e abraçá-la como uma aliada.

Estar com a dificuldade

Todos compreendemos que a vida vai, às vezes, ser difícil. Estamos conscientes das várias formas drásticas de sofrimento, como doença, morte, perda, desgraça, ruína financeira, relacionamentos acabados, vícios ou desespero. Em muitas comunidades, somando-se a tudo isso, existem formas de sofrimento determinadas socialmente, como guerra, violência, sexismo, racismo, homofobia, severa repressão política e pobreza esmagadora. Nossas vidas estão sujeitas a essas tristes e longas listas de dor.

Então, sim, nossas vidas são abundantes em sofrimento. Espero que nenhum dos leitores deste livro sejam vítimas das esmagadoras formas de sofrimento social e econômico que tantos seres humanos enfrentam. Mas mesmo o mais afortunado entre

nós é tocado pelo sofrimento. Ninguém evita morte, doença e perda. Quase todo mundo tem alguém próximo que sofre por vícios, sérios problemas de saúde, desgraças, questões financeiras, divórcio, doença mental ou outros problemas sérios. O sofrimento básico não respeita classe social.

Para sermos capazes de praticar a paciência com essas formas sérias de sofrimento, temos que começar pequeno. A perfeição da paciência funciona por familiaridade – começamos com alguma coisa administrável, nos acostumamos e, então, vamos adiante para algo mais desafiador, compreendendo que não precisamos criar um sofrimento mais forte para praticar. Ele vai finalmente chegar.

É claro que a vida também é cheia de experiências felizes e neutras. Dependendo das circunstâncias, você pode ter principalmente experiências felizes ou neutras e não muitas difíceis ou terríveis – ou o contrário. Mas não importam suas circunstâncias, você terá algum grau de sofrimento todos os dias porque é inerente ao nosso corpo e mente: o corpo irá experimentar desconforto e dor, a mente irá conhecer estresse e pressão. Todos os dias todos nós experimentamos formas menores de sofrimento. Dores de diversos tipos, aborrecimentos, raiva, frustração, depressão com alguma situação, podemos nos sentir desrespeitados ou diminuídos – essas experiências permeiam nossos dias.

A abordagem comum a uma experiência ruim é lamentá-la. Dizemos: "não posso acreditar que isso está acontecendo!", e agimos como se não estivesse acontecendo. Recusamo-nos a aceitar. Entramos numa discussão com a realidade, procuramos alguém a quem culpar e buscamos uma explicação. Geralmente, não é tão difícil encontrar uma pessoa, pessoas, categoria de pessoas ou talvez uma instituição a quem culpar. Ou podemos culpar a nós mesmos – ou à realidade.

Às vezes, atribuir culpa ajuda a consertar a situação, reverter a má experiência ou ao menos prevenir que se repita. Se alguém rouba minha identidade e esvazia minha conta bancária, posso tomar atitudes para impedi-lo. Se me sinto mal porque um colega de trabalho está me desrespeitando, posso me posi-

cionar e deixar claro que esse tratamento não está certo. Talvez meu colega pare. Se sou vítima de discriminação racial ou de gênero, entender a dinâmica social vai me dar forças e apontar um caminho a seguir. Então, sim, quando for possível atribuir culpa com o propósito de tomar uma atitude, nós o fazemos.

Mas muitas vezes – talvez na maioria das vezes – culpar não ajuda. A pessoa ofensora não vai mudar, o veredito da corte não será anulado, o diagnóstico médico é esse, o divórcio é final. Quando você insiste na culpa, no desânimo e na obsessão com a injustiça do ocorrido, você está adicionando dano ao dano, tornando uma situação ruim ainda pior, atirando uma segunda flecha na ferida feita pela flecha, como Buda uma vez colocou. Continuar assim – mesmo se você tiver uma boa razão – vai corroer seu ponto de vista e há o risco de você se tornar uma pessoa amarga. Quando o que aconteceu não pode ser alterado, não há escolha senão se voltar em direção à experiência difícil, qualquer que seja, e se ocupar dela. Como Shantideva sucintamente disse: "Se há solução, qual o ponto de ficar chateado? Se não há solução a ser encontrada, qual o ponto de ficar chateado?"

Muito verdadeiro! Se você pode resolver o problema, por que resmungar, lamentar e pular para cima e para baixo desgastando a si mesmo e aos seus amigos? Resolva. Se você não pode resolvê-lo, que bem há em resmungar, lamentar e pular para cima e para baixo? Por que não reconhecer que a fase de vida que você tinha antes acabou e que você está numa nova fase? Por que não fazer algo a partir dessa fase? Esta é a prática da paciência.

Desastres são desastres. Quando coisas ruins acontecem, sofremos. Ao se voltar para o sofrimento com paciência, os bodisatvas o transformam em algo significativo. Um dos principais modos pelos quais eles fazem isso é expandindo a natureza do sofrimento por meio de atos da imaginação.

Vamos dizer que eu esteja sofrendo porque alguém me tratou desrespeitosamente, desdenhosamente. No quadro maior das coisas, por que eu iria ligar para isso? Quando eu era criança, meus pais, para me proteger contra os insultos do pátio da es-

cola, me ensinaram o velho ditado: "paus e pedras irão quebrar seus ossos, mas nomes nunca poderão machucá-lo". Faz sentido e, é claro, é literalmente verdade. Shantideva diz exatamente a mesma coisa: uma palavra não tem substância. É apenas uma vibração no ar que desaparece assim que é proferida. Como ela pode machucá-lo? Além do mais, o "você" que ela poderia machucar é uma quimera. Não há "você", apenas um contínuo avanço flutuante de impressões, gestos, ações, memórias e assim por diante. Como pode uma palavra machucar isso?

Ainda assim, acontece. Mesmo que não faça sentido, você fica chateado quando alguém o diminui e o desrespeita. Apesar da sábia perspectiva de Shantideva, você não consegue se convencer do contrário. Os bodisatvas reconhecem o sentimento do sofrimento e o expandem. Eles sabem que a dor do desrespeito não é só deles, é uma dor humana básica. Eles refletem da seguinte forma: "A dor que estou sentindo agora é a mesma dor que outros sentem quando são desrespeitados. Não há dúvida que agora, assim como eu estou sentindo essa dor, milhares ou mesmo milhões de outros também estão sentindo. Essa dor não é minha. Ela pertence a todos nós. Ser uma pessoa acarreta essa dor. Enquanto eu a sinto e sofro, eu sinto e sofro em solidariedade e em simpatia com os outros".

Quando coloco essas reflexões em prática, transformo meu sofrimento pessoal em conexão e amor. Expando a palavra sofrimento do seu significado limitado, "sentir angústia e dor", para seu significado mais amplo, "permitir" – permitir mais e mais amor e conexão.

Esse criativo aprofundamento e maturação do sofrimento vai direto ao coração do que é mais valioso sobre a prática da paciência. Quando somos pacientes com nosso sofrimento, em vez de lamentá-lo, vemos que o sofrimento é expansivo, nos conectando calorosamente ao mundo e aos outros. Quando o sofrimento é "nosso", em vez de "meu", não é sofrimento. Minha tristeza, luto ou medo são dolorosos, mas também são doces porque os compartilho com todo mundo. É assim que os bodisatvas compreendem a terceira nobre verdade do Buda: "o

fim do sofrimento". Para eles, o fim do sofrimento não significa o fim da dor física, do fracasso, da perda, da alienação, do medo e de outras formas de sofrimento, mas a transformação do sofrimento em solidariedade e amor.

Nas discussões tradicionais sobre a paciência, três arenas para a prática são erguidas: primeiro, paciência com a dor e as dificuldades pessoais; segundo, paciência com o sofrimento causado pela nossa interação com outros; terceiro, paciência com as dolorosas verdades da nossa vida humana.

Paciência com dificuldades pessoais

A primeira arena para praticar a paciência é a das dificuldades pessoais, como dor física, planos fracassados, não conseguir o que você precisa ou sente que precisa e assim por diante.

Como sempre, a prática da meditação ajuda. As pessoas praticam meditação para redução de estresse, mas a meditação nem sempre é tão pacífica. Às vezes, é cheia de agitação, confusão mental e emocional e até mesmo dor física. Novos meditadores pensam que se essas coisas ocorrem, devem estar fazendo algo errado. Mas não, elas são normais e são oportunidades para praticar a paciência.

No formato simples da meditação, apenas se sentando sozinho, com ninguém para negociar e nenhuma tarefa a realizar, você tem as condições perfeitas para praticar a paciência. Pegue o assunto da dor física, por exemplo, uma experiência que naturalmente vemos como problemática. Trabalhar com a dor na meditação pode ser um jeito de desenvolver a paciência. Eis um jeito de abordá-la: quando a dor física surge na meditação, fique com a respiração e as sensações da dor física. Não se mova, não se ajuste, mesmo que você queira. Fazer isso vai, rapidamente, mostrar a você como a mente foge e o quanto ela não gosta do que está acontecendo. Gradualmente, treine sua mente para ficar perto das sensações desagradáveis e dos pensamentos que inevitavelmente vêm com elas. Você será surpreendido ao descobrir

dentro de si mesmo uma pessoa maior, alguém mais paciente, mais digno e mais corajoso do que você pensava ser. Pode parecer masoquista praticar assim, mas desenvolver a paciência com as sensações desagradáveis é, talvez, a coisa mais valiosa que você pode aprender com a meditação. Ser capaz de aguentar o desconforto físico e a dor com graça e compostura é uma valiosa habilidade que você começa a apreciar conforme o tempo passa.

Essa prática com o desconforto físico se estende também à dor emocional. Uma vez que você compreende – no corpo, coração e alma – que evitar a dor, ajustar, culpar e insistir faz a dor ainda pior, você vê que encarar a dor com tolerância e dignidade é muito melhor.

Paciência com o sofrimento em relação a outros: raiva

A segunda arena para a prática da paciência é a da relação com os outros. Apesar dos relacionamentos serem, potencialmente, a fonte de nossa maior alegria, e o amor, a mais plena e positiva experiência humana, relacionamentos são, como dizem, complicados. A meditação faz uma luz brilhar sobre nossas próprias complicações. Ela nos mostra o quão teimosos, enganadores e difíceis de lidar nós somos. Então, não é surpresa que achemos que os outros sejam o mesmo. Inevitavelmente, a interação humana faz surgir problemas pegajosos, dolorosos e, às vezes, trágicos. Praticar a paciência com os sentimentos dolorosos que surgem da relação com os outros é uma prática--chave para os bodisatvas, cujo comprometimento primário é com o amor e estar a serviço dos outros.

Imagine como seria a vida se amássemos todo mundo, tratássemos todos com respeito positivo inabalável e não estivéssemos nunca em conflito com ninguém. Seríamos pessoas felizes. A maioria dos fatores que criam infelicidade em nossas vidas seria removida. Mesmo se ficássemos doentes e tivéssemos que nos submeter às adversidades, o apoio amoroso dos outros tor-

naria essas experiências difíceis melhores. Mesmo que fôssemos pobres e estivéssemos numa situação social ruim, o amor, apoio e respeito dos outros tornaria isso suportável. Nossos amigos nos ajudariam e garantiriam que sempre tivéssemos o que é necessário na vida.

É claro que não é assim. Temos muitos problemas com as pessoas em nossas vidas. Pessoas vão se comportar mal e ficaremos chateados. A prática da paciência pede por tolerância, compreensão, perdão, compaixão e bondade amorosa para com os outros. Ela também leva em conta que a raiva e o ressentimento vão surgir e teremos que aprender a viver habilmente com tais emoções.

Boa parte da discussão tradicional sobre a prática da paciência foca na raiva. Isso faz sentido. A raiva envenena as relações. De acordo com os ensinamentos tradicionais, a raiva nunca é justificada. Shantideva começa o capítulo sobre a paciência dizendo que um momento de raiva pode destruir vidas de esforço espiritual. Se isso fosse literalmente o caso, todos estaríamos com muitos problemas! Mas talvez Shantideva apenas esteja tentando nos assustar para que possamos entender que seria melhor nos voltarmos para nossa raiva e aprendermos a compreendê-la. Encarar nossa raiva é um ponto importante em nossa prática.

Shantideva argumenta que não faz sentido ficar com raiva de outra pessoa. Seu argumento é, como sempre, imaginativo e inesperado. Mesmo quando uma pessoa faz coisas terríveis, não é a pessoa que comete a falta. É a paixão dentro dela que a tem em suas garras. A pessoa é vítima inocente dessa paixão. Não tem como evitar. Então, é irracional ficar zangado com uma pessoa. Deveríamos ficar com raiva da paixão. Mas qual a utilidade de ficar com raiva de uma paixão? Shantideva usa a analogia de um homem batendo num cachorro com um graveto. Atingido pelo graveto, o cachorro imediatamente fica zangado e ataca vigorosamente o graveto, não entendendo que é o homem brandindo o graveto, não o graveto em si, que é o agente. Na analogia, o graveto está para a pessoa agressiva que ataca, assim como a pessoa brandindo o graveto está para a paixão que se apodera

da pessoa agressiva. Quando você ataca a pessoa agressiva pelo que ela está fazendo a você, você é como o cachorro tolamente indo atrás do graveto. Que desperdício de energia!

Ele vai adiante em seu argumento: as ações dos outros, não importa quão hediondas, não são o que nos deixam com raiva. A verdadeira causa de nossa raiva é a nossa reação estúpida à ação. Se você me bater e eu não me importar, não há raiva. Se você sacudir um graveto no ar e eu não estiver lá para receber o sopro, não há raiva. "Você me deixou com raiva!" nunca está correto. Nenhuma outra pessoa é responsável por minha raiva, não importa o quão terrível seu comportamento possa ser. A raiva é minha e somente minha. Quando eu pegar minha raiva, mirar em você e agir, vou causar muito dano. Agir com raiva é como tentar jogar uma mão cheia de fezes no seu inimigo. Você pode ou não o acertar, mas certamente vai se sujar.

Em nossa cultura, a raiva é sempre vista positivamente. Quando alguém diz ou faz algo errado, especialmente a você, alguém com quem você se importa, ou uma instituição ou símbolo com que você se identifica, você *deve* se indignar. Você não deve apenas se sentar e aquiescer. A justiça, assim como a sua dignidade e respeito próprio, é servida pela raiva. Por extensão, uma sociedade é mais bem servida quando ela é feita de indivíduos que tomam essa atitude, cuja raiva não os vai deixar sentados ociosamente enquanto os caras maus fazem coisas ruins, e que vão, coletivamente, perseguir com força esses caras maus em qualquer lugar do mundo.

Mas nossa cultura também tem a ideia oposta. O ensinamento radical de Jesus é amar nosso inimigo e praticar misericórdia, não importam as circunstâncias. Não são apenas os budistas que pregam o amor universal, a compaixão e o cuidado com os outros. Se qualquer coisa, cristianismo ou judaísmo, do qual o cristianismo emergiu, têm ainda ensinamentos mais radicais sobre o amor do que o budismo. Seria difícil encontrar uma expressão mais completa do amor universal e cuidado com os outros do que aquela que está por toda parte da poesia sufi de Rumi. "Se você não quer estar morto, nunca fique sem

amor. / Morra no amor se você quer estar completamente vivo"[19], ele escreve.

Me parece que, por mais que justificar a raiva faça sentido em teoria, ela não funciona realmente na prática, porque retaliação – buscando o que chamamos de "justiça" – cria mais retaliação. Na minha raiva, decido que sua conduta é má. Não consulto você sobre isso, eu decido por mim mesmo. Então, me engajo numa batalha com você, que segue, ininterruptamente, possivelmente por gerações. Nós temos visto isso acontecer em assuntos pessoais bem como mundiais – em famílias, grupos religiosos, nações. Insulto leva a insulto, incidente a incidente, guerra a guerra. Mesmo que as partes rivais estejam felizes de seguir com sua agressão, pessoas inocentes sempre acabam sendo machucadas. No final, alguém vai precisar ajudar as partes rivais a se curar. Ou enterrá-las.

Se a paz e a consideração pelos outros é o caminho do bodisatva, está claro que a raiva deve ser dissolvida.

Tentar praticar amor e compaixão e abrir mão da raiva não significa aquiescer quando o dano é causado, especialmente quando outros estão sendo machucados. Um bodisatva nunca poderia ficar esperando e deixar aquilo acontecer. Um bodisatva pratica atos radicais de proteção, que podem às vezes ser agressivos. Mas a força é evitada o quanto possível, em favor de qualquer método mais suave que tenha até mesmo uma leve chance de funcionar. Mesmo quando o uso da força parece necessário, deve ser aplicado sem raiva ou ódio, mas com tristeza e um olhar para a eventual cura, assim que o conflito acabe.

Esse é o ideal. Enquanto isso, em nossas vidas diárias, ficamos zangados e frustrados o tempo todo. O que fazer?

O que é raiva?

Apesar dos ensinamentos espirituais dizerem que raiva é ruim, demonizar o sentimento e tentar nunca ficar com raiva não vai funcionar. Não vai ajudar ficar com raiva da nossa raiva

ou com raiva dos nossos eus raivosos. Não temos escolha a não ser ficar com raiva quando estamos com raiva, porque não podemos fazê-la ir embora mais do que nós a intencionalmente produzimos em primeiro lugar. Então, quando estamos com raiva, só nos resta ficar com raiva. Voltar-se para a raiva, experimentá-la sem afirmá-la ou agitá-la, é praticar a paciência. Quando fazemos isso, vamos finalmente aprender como transformá-la no caminho.

Quanto mais estudamos a raiva, mais interessante ela se torna. A raiva é mais que apenas uma emoção humana. Ela nos traz para o coração da condição humana.

O que é raiva? Num certo sentido, não há necessidade de perguntar. Nós todos sabemos o que é a raiva. É um conjunto de sensações físicas intensas e, principalmente, desagradáveis – coração palpitante, sangue fervendo, respiração rápida, corpo tenso, calor, pressão. A raiva é uma enxurrada de pensamentos – faiscando ardentemente pela mente. A raiva é uma emoção poderosa. Sua verdade pode ser viciante. Como a cocaína, ela pode fazê-lo se sentir efetivo e poderoso. Se você gosta de impor sua própria vontade, sua raiva vai intimidar as pessoas para que se submetam a você. Entretanto, como todas as substâncias viciantes, a raiva se torna tóxica. No final, ela vai arruinar sua saúde e seus relacionamentos.

A raiva é mais complicada do que parece. Posso sentir raiva, mas se olhar mais de perto, vejo que a raiva está encobrindo uma emoção por trás dela, como medo ou tristeza, que ainda não consigo sentir. Nesses casos, podemos dizer que a raiva não é raiva, é de fato medo ou pesar. Ou talvez eu esteja furioso com você por causa de algo que você disse. Mas um momento depois eu me dou conta de que não estava de fato com raiva de você, estava com raiva de mim mesmo ou de alguém ou de outra coisa em minha vida – não de você. Talvez meu momento de raiva dirigido a você tenha sido produzido pela raiva que sinto por alguém que não vejo há décadas, que subitamente veio à tona quando você falou. Ou talvez tenha a ver com algum pavor, algum medo, que sequer estou consciente de ter.

Ou talvez eu não sinta raiva nenhuma. Eu pareço estar com raiva de você – de fato você pode ver pelas minhas palavras e linguagem corporal que estou com raiva, de um jeito controlado e lentamente ardente. Mas eu insisto que não estou com raiva. Eu não me sinto raivoso. Será que estou com raiva e só eu não sei? Isso é estranho – a possibilidade de que eu possa estar nas garras de uma emoção que eu não estou nem sentindo. Pode ser que eu esteja com tanto medo da minha raiva, que eu não a sinta ou me permita percebê-la, e ela permanece enterrada em minha consciência? Talvez eu a tenha encoberto por décadas, com uma ideologia budista de serenidade, de tal modo que eu sequer sei que ela está aí, até que um dia, como uma queimada repentina, ela arde.

A raiva aguenta mais investigações do que podemos pensar. Podemos não conhecer sua natureza ou suas causas verdadeiras. As causas da raiva podem ser tão básicas e penetrantes que todas as emoções difíceis são variações dela. As coisas mudam e nós não podemos impedi-las de mudar. Perda, envelhecimento e morte são inevitáveis e não há absolutamente nada que possamos fazer. A imensa injustiça desses fatos básicos da vida me atinge como uma perfeita e convincente razão para ficar com raiva. Talvez todas as instâncias da raiva sejam apenas substitutos da nossa raiva básica em relação à perda completa, que todos estamos sujeitos e que não podemos evitar.

Há algumas coisas que sabemos sobre a raiva:

> A raiva não é racional ou calmante. Isso significa que decisões, julgamentos e ações tomadas com raiva são passíveis de estar incorretos e de piorar situações.

> A raiva é associada com um sentido de medo e de ameaça. Quando sou ameaçado, me sinto vulnerável e fraco, o que é desconfortável, então a raiva se reacende para me fazer sentir forte e poderoso.

> A raiva não é intencional. Eu não decido ficar zangado. Apenas acontece, geralmente de repente. É por isso que crimes passionais carregam penalidades mais leves do que os

premeditados: entendemos que os perpetradores estavam nas garras de sua raiva e não necessariamente tinham a intenção de fazer o que fizeram, e talvez não fossem capazes de decidir por não realizar a ação. Esse é o argumento do graveto e do cachorro de Shantideva.

A raiva certamente tem seu lugar legítimo. A raiva surge por alguma razão. Já que cada momento surge da totalidade de condições passadas, um momento da minha raiva é produzido por tudo que já me aconteceu, apesar de explodir agora, disparado por um evento no presente. Então, esse momento de raiva deve estar aqui. Não adianta se arrepender dele ou tentar evitá-lo. Aqui está ele. É assim que se parece. Eu não tenho que acreditar em todos os meus pensamentos ou agir a respeito. Certamente, estarei melhor se não o fizer. Mas se eu puder estar com o precioso e inevitável momento de raiva que surgiu, encará-lo e compreendê-lo, vou me beneficiar. Possivelmente, vou aprender algo valioso sobre mim mesmo e sobre ser humano. Possivelmente, vou estender minha capacidade de compreender e amar os outros, que também têm neles as condições para a raiva. Sermos íntimos da raiva quando estamos com raiva é a prática da paciência.

Praticando com a raiva

E se pudéssemos usar o poder da raiva para o bem? E se pudéssemos transformá-la através da prática da paciência, purificá-la para que nós, não mais empurrados por sua destrutividade irracional, pudéssemos usar sua energia para nos ajudar a trabalhar para o bem?

Raiva é informação. Ela nos diz algo sobre quem somos, o que está em nossas mentes e em nossos corações. É como a dor física, o jeito de o corpo se proteger indicando que algo está errado e onde está errado. A dor machuca, mas se soubermos aprender com ela, podemos achar uma cura necessária. A raiva é exatamente o mesmo. Ela é um indicador: alguma coisa precisa de atenção. Se estamos com raiva é porque estamos

contrariados, frustrados ou com medo e não teríamos percebido isso sem aquele momento de forte raiva. Ao chamar nossa atenção, a raiva torna possível compreender, mudar e crescer. Praticamos paciência não para fazer a raiva ir embora, mas, ao contrário, para nos mover em direção a ela, com apreciação e respeito, para que possamos transformá-la em emoção positiva energética e ação.

Não é uma coisa simples ser capaz de perceber a raiva como raiva, ser capaz de abraçá-la suave e corajosamente, em vez de ficar assustado com ela ou agarrá-la e jogá-la longe. Se relacionar com a raiva é uma questão sutil que você não aprende em livros. Não há outro jeito a não ser vê-la em ação por você mesmo, nos padrões únicos do seu próprio corpo e mente.

Essa prática de observação sutil – estando espaçosamente com o que acontece, sem julgar ou consertar, simplesmente percebendo e abraçando – é atenção plena. Como muitos estudos, livros, conferências, programas, cursos e treinamentos atestam, a atenção plena é uma prática poderosa. Ainda assim, é contraintuitiva. Como poderia apenas ficar levemente consciente de algo, sem fazer nada, fazer alguma diferença? Mas faz, porque a atenção plena não é uma prática isolada. Pessoas que praticam atenção plena também têm determinação, a intenção de aprender e mudar, a disciplina de ficar com a prática ao longo do tempo e ainda inteligência e abertura suficientes para ver o que está acontecendo.

E elas têm imaginação. Praticar a paciência para transformar a raiva em energia para o bem, requer esforço criativo com o passar do tempo. É preciso visão criativa para não ver a raiva no escopo limitado que normalmente vivemos, mas em vez disso, ampliar o escopo e ver possibilidades maiores.

Vamos ver se conseguimos reduzir a alguns poucos passos o ato de praticar com a raiva:

1. *Pense sobre a raiva.* Reflexão inteligente importa. Leia livros sobre a raiva, ouça palestras, faça um diário, converse com amigos. Torne-se tão claro quanto puder sobre

o que a raiva é, como ela aparece em você, como ela o machuca e como ela o ajuda. Mobilize toda esta reflexão enquanto você pratica o segundo passo, no momento que realmente estiver com raiva.

2. *Apenas perceba*. Isto é, antes de você se precipitar em culpar e proferir palavras e cometer atos imprudentes, perceba o real fenômeno da raiva. Como você se sente? Treine-se, por meio da repetição, para imediatamente trazer a atenção para o corpo no momento da raiva. Fique com sua respiração. Fique com as batidas do seu coração. Se você não lembrar na hora, faça-o em seguida. Pouco a pouco, você vai aprender a fazer no momento.

3. *Diga a você mesmo:* "Isto é raiva. É assim que ela me faz sentir. É só *isso*". Quando você faz isso, você está acalmando as coisas, suavemente abraçando sua condição, nem afastando-a, nem ficando enganchado a ela. Se você fica com raiva num momento de intensa interação com outra pessoa, treine a si mesmo para pedir por uma pausa. Você pode dizer algo como: "Espere um minuto. Deixe-me me controlar." Resista ao impulso de imediatamente atirar de volta com agressão.

4. *Depois que o momento de raiva tiver passado, tire um tempo para investigá-lo*. Traga-o à tona na meditação, escrevendo ou outras formas de reflexão. O que aconteceu ali? Quais foram as causas imediatas disso? Quais foram as causas mais profundas? Pense sobre as pessoas envolvidas, como você as considera e como você gostaria de considerá-las? Lembre de seu compromisso de bodisatva de se identificar carinhosamente com todos que encontra. Você pode não estar sentindo isso no momento da raiva ou até mesmo quando for refletir posteriormente, mas reforce que esse é o seu compromisso e que você certamente chegará lá. Reforce que você está comprometido em ver o que quer que esteja sentindo agora como um passo naquela direção, não importa o quanto não

pareça. Quando você desenvolve um hábito de investigar a raiva desse jeito, pouco a pouco está mudando sua relação com ela. Agora, você está interessado na raiva como um processo e um problema. Você está esperando que ela surja para que você possa investigar mais a fundo. Você não está mais tomando-a ao pé da letra.

5. *Pratique o nono preceito do bodisatva: Faço o voto de praticar amor e não guardar rancor.* Nós discutimos os dezesseis preceitos do bodisatva no capítulo anterior. Esses são compromissos que os bodisatvas fazem para ajudá-los a permanecer no caminho com intenção de viver uma vida amorosa. Praticar o nono preceito não significa que você nunca irá guardar rancor. Como o próprio surgir da raiva, guardar rancor não é necessariamente intencional. Quando alguém o feriu terrivelmente, é difícil não sentir raiva da pessoa. Você não consegue evitar. Praticar esse preceito começa com simplesmente perceber seus pensamentos e sentimentos raivosos. Em seguida, em vez de justificá-los (porque você está com vergonha e precisa se desculpar consigo mesmo por senti-los), lembre-se de que, apesar de eles estarem aí agora, eles não estarão sempre aí. Lembre-se de que seu compromisso é de um dia estar completamente livre deles, não importa o quão distante esse dia possa estar. Você também pode fazer práticas de bondade amorosa para a pessoa ou pessoas às quais esteja guardando rancor. Essas práticas envolvem a repetição intencional, em meditação ou outros momentos silenciosos, de frases como: "que você esteja bem, que você seja feliz", em relação a cada pessoa de quem estiver com raiva. (Eu sugiro uma meditação simples de bondade amorosa, na página 99). Mesmo que, enquanto repete as frases, você não necessariamente as sinta, a repetição irá finalmente tornar sua raiva mais leve.

Conflito: a prática avançada da paciência

A prática da paciência se estende para uma área de nossas vidas com a qual geralmente temos muitos problemas: conflito. A maioria de nós evita conflito. Em vez de confronto uns com os outros sobre questões dolorosas e injustas, nós as ignoramos ou negamos. Na maior parte do tempo, podemos nos safar. Mas o ressentimento toma forma e, às vezes, se desenvolve em luta livre.

De onde vem o conflito? Geralmente, pensamos sobre conflito como um erro, uma falha, um colapso na comunicação. Mas conflito é normal e inevitável. Como muitas outras coisas que nos perturbam, não é nossa culpa, faz parte de nossa humanidade. Como seres limitados, com necessidades essenciais, vivendo juntos em um mundo limitado, inevitavelmente vamos entrar em choque. Enquanto houver duas pessoas no mundo, o conflito está garantido. Talvez precise só uma pessoa: posso estar em conflito sozinho!

Conflito é natural e inevitável nesse mundo dualista de escolha autônoma. Nós todos queremos poder – não necessariamente poder sobre os outros, mas no mínimo o poder de determinar nossas próprias vidas. Muitas vezes, praticantes espirituais acham que ser "espiritual" significa que eles não devem ver poder, querer poder ou se engajar em conflito. Mas acredito que essa noção é irreal e até mesmo destrutiva. Negar ou ignorar nossos sentimentos humanos não funciona. Bodisatvas sábios não fingem que não têm necessidades. Não fingem que conflito não existe. Eles consideram o conflito uma área fértil para a prática avançada da paciência.

Deixe-me observar o óbvio: a prática criativa das seis perfeições não é tão perfeitamente dividida quanto os capítulos nesse livro – primeiro generosidade, depois conduta ética, depois paciência e assim por diante. A vida não é um livro. Ela é mais rica e mais bonita do que qualquer livro poderia ser. Estou mencionando isso agora, porque a realidade do conflito em nossas vidas é tão variada e cheia de nuances que nenhuma discussão de

umas poucas páginas vai fazer jus a ela. Para praticar conflito como os bodisatvas, precisamos usar tudo que temos: generosidade, conduta ética, paciência, alegre empenho, meditação e, especialmente, compreensão e, é claro, muito mais. E teremos que jogar fora todas as nossas boas habilidades espirituais de tempos em tempos e apenas estar completamente, algumas vezes ferozmente, presentes em meio a sentimentos poderosos. O conflito irá agitar nossos impulsos mais dolorosos e apavorantes. Por causa disso, o conflito é especialmente precioso.

Quando estou em conflito, geralmente começo relembrando meu compromisso de bodisatva, que é enraizado no meu senso de como as coisas realmente são. Eu sei que pensar em mim de um jeito pequeno – pensando nas minhas próprias necessidades, meu orgulho, meu desejo de ser importante ou valioso – não me serve. Apenas me torna mais miserável. Além disso, não é verdade ou não é a total verdade ou a verdade mais feliz. Posso ser uma pessoa comum com necessidades psicológicas e problemas comuns, mas, ao mesmo tempo, sei que sou mais do que isso. Minha imaginação me diz que não sou apenas "eu mesmo". Eu existo porque tudo existe e eu não poderia existir de outra forma. Os outros e eu mesmo somos um ser, um fluxo contínuo, meus interesses e os interesses dos outros são idênticos.

Eu sei que tudo isso é verdade, mesmo que eu esqueça frequentemente. O conflito não se acende em minha vida, a menos que eu esqueça. Então, quando sinto os sentimentos que o conflito produz em mim, sei que esqueci algo básico que agora preciso lembrar intencionalmente. Então, lembro. É claro que isso não faz o conflito desaparecer. Mas isso o coloca numa perspectiva adequada.

A seguir, relembro dos ensinamentos sobre raiva, os quais estive refletindo. Eu sei que quando tenho fortes sentimentos, preciso me voltar para aqueles sentimentos e investigá-los. Se eu os driblar e me apressar em culpar e criar estratégias, estarei perdendo alguma coisa. Não apenas vou falhar em apreciar minha conexão com os outros, mas também posso estar perdendo a solução do conflito, que provavelmente está escondi-

da logo ali na própria emoção que estou tentando não sentir, me apressando em ações defensivas ou agressivas. Eu sei muito bem como mergulhar nessa emoção: volto minha atenção para meu corpo e minha respiração. Tiro um tempo para refletir, pensar sobre ela, estar com a emoção pacientemente.

A verdade é que podemos ceder bem mais do que pensamos. Muito do que insistimos em nossas relações, muito do que pensamos que precisamos e queremos dos outros, podemos facilmente fazer sem eles. Pode demorar algum tempo para ver isso, mas acabaremos vendo. Com a prática, ao longo do tempo, podemos abrir mão de muitos desprezos, mágoas e supostas necessidades. Conforme ficamos mais fortes em nossa prática, nos tornamos mais resilientes e generosos. Entendemos que as pessoas não querem realmente nos machucar. Elas estão sempre fazendo o melhor que podem. Tornamo-nos mais tolerantes e percebemos que podemos ceder sem sentir que estamos perdendo. De fato, parece ser bem o contrário: quanto mais deixamos a vitória para os outros, mais fortes, calmos e expansivos nos tornamos.

Mas, às vezes, não é certo ceder e, às vezes, não podemos. Às vezes, não temos escolha a não ser nos jogar no conflito. Satisfazer os outros infindavelmente em suas tolices não é bom para eles ou para nós, e os bodisatvas sabem que o eu de alguém está entre os muitos seres no mundo que merecem honra e respeito. Se ao nos rendermos aos outros estamos sutilmente corroendo nosso senso de autoestima, estamos cometendo uma violência tanto com nós mesmos quanto com o outro. Nós não podemos revogar nossa responsabilidade com nós mesmos. Quando percebemos que estamos fazendo isso, precisamos tomar a oposição como um exercício da compaixão.

O budismo indo-tibetano tem muitos textos famosos sobre gerar compaixão. Um ensinamento famoso encontrado em um deles é "dê a vitória aos outros". Em outras palavras, sempre ceda aos outros, mesmo quando você achar que eles estão errados.

Um estudante enviou uma questão sobre esse ensinamento para a *Lions's Roar*, uma revista budista antes conhecida com *Shambhala Sun*, que encaminhou a pergunta para mim. O es-

tudante começou dizendo que ele apreciava o ensinamento e o havia praticado com grande proveito. "Mas", ele disse, "tenho um colega de trabalho que está constantemente levando crédito por minhas ideias e realizações. Como eu equilibro praticar esse ensinamento com fazer o que é certo para minha moral no trabalho e em minha carreira?"

O que respondi:

Sua questão traz a complexidade dos ensinamentos para a vida real. Às vezes, você não pode tomar os ensinamentos de forma literal. Em situações delicadas, você precisa descobrir o espírito dos ensinamentos e tentar seguir o espírito, não ao pé da letra. O ponto de "dar a vitória aos outros" é reduzir o autocentrismo. Por que você iria querer fazer isso? Porque estar muito focado em seu próprio bem-estar é ruim para você. Limita seu campo de ação e aperta seu coração.

No caso que mencionou, comece examinando sua motivação. Por que não deixar seu colega levar crédito por suas ideias e realizações? Isso o incomoda? Por quê? Pense nisso.

O mais importante é ser honesto e realista. Se deixar seu colega levar crédito pelo seu trabalho está, de fato, corroendo sua moral (como você diz), limitando sua carreira e tornando-o infeliz, então, seguir ao pé da letra esse ditado não está ajudando você a praticar em essência. Então, você precisa parar de ceder ao seu colega. Quando você é um buda, você pode dar a vitória aos outros o tempo todo. Mas não ainda. Se você tentar fazê-lo agora, o tiro sairá pela culatra. Terá o efeito oposto do pretendido.

Então, você deve fazer algo mais difícil: ter uma conversa com seu colega, na qual você pede para ele parar esse comportamento, porque você está ficando chateado e isso não parece certo ou justo. Tente fazer isso com uma compreensão generosa de que o comportamento do colega deve vir de alguma falta ou ponto cego moral que ele tenha. Não é de fato culpa dele.

Fazer isso sem perder contato com seu compromisso de bodisatva é o caminho para praticar esse ditado.

Os ensinamentos espirituais, incluindo os ensinamentos neste livro, são inerentemente idealistas. Eles deveriam ser. Ideais são por definição imaginários – eles não existem de fato, nós os imaginamos para expandir as possibilidades de nossas vidas. "Dê a vitória aos outros" é um ensinamento idealista. Às vezes, como eu disse, somos capazes de fazer isso de fato. Às vezes, não somos, mas tentamos de qualquer maneira e vemos o que acontece. Talvez podemos esticar um pouquinho mais. Ainda assim, outras vezes, como nesse caso, o esforço não funciona. Apenas nos torna ressentidos. Lutamos com nosso ressentimento, mas perdemos. Ficamos desencorajados. Pensamos que a prática espiritual é muito dura para nós. Ou talvez pensemos que a prática espiritual é simplesmente tolice.

Bodisatvas reconhecem tais pensamentos e sentimentos como sinais de que o melhor caminho, por enquanto, é se jogar no conflito – não há outra escolha. Fazer isso não significa abandonar nossa prática espiritual. Significa, ao contrário, que justo agora, como as coisas são, praticar o conflito é a nossa prática. Às vezes, a prática do conflito leva a desenvolvimentos surpreendentes. Às vezes, aquela conversa difícil se torna uma ocasião para aprofundar a amizade.

Conflito é amor

Tendo gasto muito tempo estudando e contemplando o conflito, passei a acreditar que há uma gota de amor no cerne de cada um deles.

O que torna o conflito conflituoso? Interesses opostos. Mas o que é oposto ao que?

Nós todos precisamos e queremos amor. Nós todos sabemos que o amor reside no centro de quem somos como seres humanos. Nós todos compreendemos o imperativo de amar ao próximo como a nós mesmos, apesar do tanto que tenhamos esquecido ou negado isso. Quando o outro parece estar nos ameaçando, há uma desconexão perturbadora com algo que re-

side profundamente dentro de nós – nossa intensa necessidade uns dos outros. É por isso que um conflito severo parece abalar até nossos próprios alicerces, muito mais do que o assunto em questão parece justificar. O dinheiro e a honra são realmente tão importantes? É realmente válido todo esse desgaste, tempo e luta? O que nos deixa tão chateados?

No fundo de todo conflito importante, está a noção de que o amor foi traído. Ficamos tão abalados, como se tivéssemos sido rejeitados por um amante. Certamente, percebemos que quando estamos em um conflito profundo com alguém, estamos tão proximamente conectados com aquela pessoa quanto estamos com um amante. Pensamos sobre eles muitas vezes ao dia, sonhamos com eles à noite. O que é isso que torna o conflito tão convincente? Por que o conflito está no coração de cada peça, romance, novela, programa de TV, canção popular e episódio dramático de nossas vidas? É porque o conflito é sobre a falência do amor, e o amor é o que mais importa.

Isso é particularmente perceptível em conflitos familiares, que são tão comuns e tão dolorosos. Nós somos magoados na maioria das vezes pela traição daqueles com os quais contamos nos amar. A indiferença ou hostilidade de alguém que supostamente deveria nos amar é muito mais dolorosa do que aquela de um mero conhecido. Isso nos magoa instantaneamente.

Isso serve para tribos de pessoas também. Tenho percebido que os mais virulentos e duradouros dos grandes conflitos mundiais são geralmente entre grupos próximos uns dos outros em distância e etnicidade – os israelitas e os palestinos, os irlandeses protestantes e católicos, os muçulmanos sunitas e xiitas. As guerras civis sempre são as guerras mais amargas. Em um certo sentido, todos os conflitos são guerras civis – combates amargos entre irmãos que se amam e dependem uns dos outros e, exatamente por causa disso, sentem a dor da oposição mais intensamente.

A mágica do conflito é reconhecer que há um ponto de conexão e mesmo amor no coração do que é mais doloroso. Porque nos importamos tão profundamente uns com os outros – mesmo que não estejamos muito em contato com esse cuidado –, somos

capazes de magoar uns aos outros. Uma vez que sabemos disso, podemos procurar dentro de nós pela dor e vulnerabilidade. Está lá em algum lugar – embaixo da raiva, do ser defensivo ou da agressão. Se nós pudermos nos permitir sentir a mágoa, a tristeza, o medo e o desapontamento, finalmente vamos encontrar o amor – aquele lugar dentro de nós que contém os sentimentos humanos básicos que todos sentimos uns pelos outros.

Bodisatvas apreciam completamente esse ponto contra intuitivo: todas as instâncias do conflito são momentos contundentes nos quais a profundidade de nosso amor humano encontra a profundidade de nossos desejos e alienações humanas.

Paciência com a verdade sobre nossa vida humana

Já cobrimos as duas primeiras arenas nas quais é tradicionalmente sugerido aplicar a perfeição da paciência: ao nosso sofrimento pessoal e ao nosso sofrimento interpessoal. A terceira área na qual praticamos a perfeição da paciência é em relação à difícil verdade sobre nossa vida humana. A vida é impermanente. O tempo está passando. Nós estamos mudando o tempo todo. Às vezes, gostamos das mudanças, às vezes não, mas não podemos fazer nada em relação a elas. Todos nós ficamos doentes. Todos nós envelhecemos. Todos nós morremos. Todos nós sofremos perdas. Todos nós vamos perder todos que amamos e tudo que passamos nossas vidas construindo. Apesar de sabermos disso, geralmente encolhemos os ombros e pensamos: "Bem, essas coisas vão acontecer mais tarde, daqui a muito tempo, então por que nos atermos a elas? Vamos esquecê-las e aproveitar a vida enquanto podemos. De qualquer modo, talvez não seja tão ruim, talvez de alguma forma teremos sorte e seremos poupados dos piores tipos de problemas".

Mas quando olhamos mais profundamente, reconhecemos que todo esse problema e perda não é algo que acontece mais tarde, muito tempo a frente, quando estivermos muito mais velhos e no final de nossas vidas – está acontecendo gradu-

almente, a cada momento que passa. A cada momento estamos perdendo esse momento. Cada momento já se foi, assim que aparece. Experimentar o tempo é experimentar a dor e a perda. Rebbe Nachman, o grande sábio judeu, disse uma vez: "O mundo é uma ponte estreita. Não tenha medo!"

Mas esse é justamente o problema: nós *temos* medo. Medo da perda, de falhar, da desgraça, da solidão, da impermanência e da morte espreita por trás do que sentimos e experimentamos, quer saibamos ou não disso.

Todas as religiões ensinam que há um jeito de superar esse medo existencial. Cada religião tem seu próprio jeito de expressar essa possibilidade, mas todos os ensinamentos religiosos em sua profundidade sugerem imaginativamente um sentido esperançoso e transcendente de que dentro e além de nossas vidas há vidas maiores – mais completas e mais reais do que nossas capacidades humanas possam jamais compreender. No cristianismo, judaísmo e islamismo, o caminho é o de uma fé em um Deus amoroso, compassivo, justo e misericordioso. Nas religiões antigas baseadas na terra, há a confiança paciente em um grande espírito conectado à terra, ao céu, à água, às plantas e aos animais. O budismo clássico reconhece a natureza vazia e ilimitada da existência em si mesma, não diferente da não-existência, cuja natureza essencial é amor e compaixão.

Qualquer que seja a expressão, não é uma verdade fácil de abraçar. É radicalmente humilde. Ela requer um ponto de vista completamente diferente. É preciso uma tolerância profunda e paciente para aceitar nossa vulnerabilidade humana – que morremos, que estamos à mercê do tempo e do mundo, que nossa visão estreita de nós mesmos não pode realmente estar certa, que nós temos que nos expandir muito além da nossa zona de conforto.

Paciência é vazia de paciência

Como todas as perfeições, a perfeição da paciência não existe de verdade. De fato, não há tal qualidade como a paciência.

Paciência é apenas uma palavra que evoca um sentimento em nós sobre como deveríamos viver. Como todas as perfeições e tudo mais nesse mundo – incluindo nós mesmos –, a paciência é vazia de qualquer realidade inerente agarrável. Reconhecer a vacuidade é o fruto da prática da sexta *paramita*, *prajnaparamita*, a perfeição da compreensão.

Por que é importante lembrar que a paciência é vazia de paciência? Porque nos lembra de não ficar muito nervosos com a prática da paciência. Se a paciência é vazia de paciência, então praticá-la deve ser relaxante. Por que ficar aborrecidos por pensarmos que não somos suficientemente pacientes, quando no fim não há tal coisa como paciência de qualquer modo? Nós praticamos a paciência do melhor jeito que podemos, porque assim é agradável e seus benefícios são enormes. Seria tolo ficarmos impacientes com a nossa impaciência quando a paciência – e, logo, a impaciência – é um conceito vazio. Esse não é o problema com a vida religiosa, como geralmente pensamos: nós a levamos tão a sério, ficamos tão intensos e terminamos numa confusão. Reconhecer os ensinamentos vazios ajuda imensamente com esse problema.

Dogen sobre a perfeição da ação benéfica

O terceiro dos quatro métodos de Dogen de orientação para bodisatvas é a ação benéfica. Ela nos chama a sempre fazer ações benéficas para os outros, usando quaisquer meios hábeis que tenhamos à mão. Tais atos, ele escreve, são feitos não por nenhuma recompensa, mas para seu próprio bem. São atos de união: eles sempre beneficiam a si mesmo bem como aos outros, porque não há diferença entre si mesmo e outros. Então, ele conclui, você deveria beneficiar a si mesmo e aos outros da mesma forma, beneficiar o amigo e o inimigo do mesmo jeito, mesmo beneficiar a grama, as árvores, o vento e a água.

Quero aplicar esse ensinamento simples – o compromisso de ser útil aos outros, incluindo todos os seres vivos e mesmo as coisas aparentemente inanimadas – à prática da perfeição da paciência.

Basicamente, tudo que eu disse sobre a prática da paciência se soma a algo bastante simples: apenas siga em frente. Não deixe que nada que aconteça, incluindo qualquer tipo de revés, o detenha. De fato, sempre haverá revezes. Revezes são uma parte necessária do processo. Então, o que quer que esteja acontecendo, qualquer coisa desvantajosa ou mesmo catastrófica que ocorra, apenas lembre-se: seja de benefício para os outros. Seja uma bênção para os outros. Apenas tente ajudar, mesmo se parecer que não há nada que você possa fazer. De fato, você sempre pode fazer alguma coisa: recitar uma prece, ter um pensamento bondoso, oferecer uma palavra gentil. Contratempos financeiros? Seja de benefício para os outros. Perda de emprego, divórcio, doença, dores, medos da velhice? Seja de benefício para os outros.

A prática completa da perfeição da paciência pode ser efetivada com essa única prática: seja de benefício para os outros.

Versos sobre a perfeição da paciência

O verso de Tokme Zongpo sobre a perfeição da paciência, de suas *Trinta e Sete Práticas de um Bodisatva*:

> Para bodisatvas que querem ser ricos em virtude
> Uma pessoa que os magoa é um tesouro precioso
> Cultive a paciência por todos,
> Sem irritação ou ressentimento –
> esta é a prática de um bodisatva.[20]

É um ensinamento comum no Tibete, onde a prática do bodisatva e a prática das seis perfeições são culturalmente arraigadas, pensar em pessoas irritantes, ásperas e ofensivas como tesouros preciosos.

Pessoas ofensivas são preciosas porque são raras. É verdade: mais ou menos, pessoas agradáveis são lugar-comum. A maioria das pessoas são decentes e razoavelmente educadas. Elas não o desafiam tanto. Elas são agradáveis, você é agradável, todos são

agradáveis, e a vida segue. Mas uma pessoa realmente rude e perturbadora é rara. Se você for sortudo o bastante de ter uma pessoa assim em sua vida, você deveria considerá-la como um tesouro, porque ela vai, consistentemente, fazer por você o que a maioria das pessoas não faz: ela irá sacudir sua raiva, ressentimento e outras emoções difíceis, que vão forçá-lo a praticar a paciência. E como a paciência é o melhor jeito de aumentar seu estoque de virtudes preciosas, esses indivíduos, corrompidos e desagradáveis, devem ser especialmente apreciados.

Tokme Zongpo nos instrui a "cultivar a paciência", não a "ser pacientes". *Cultivo* é uma palavra agrícola. Você cultiva um campo com o cuidadoso trabalho diário da observação atenta, semeando, arando, adicionando adubo ao solo. Você é ajudado pela chuva, pelo ar e pela luz do sol, fatores além do seu controle. O cultivo é uma boa metáfora para a prática da perfeição da paciência, um suave esforço que mantemos silenciosamente e persistentemente dia após dia e ano após ano. Ser perfeitamente paciente com todo mundo pode levar um longo tempo – talvez mais do que uma única vida. Mas bodisatvas imaginam muitas vidas de alegre cultivo.

Eis um verso sobre a perfeição da paciência do *Sutra da Prajnaparamita de Oito Mil Linhas*:

> Quando ouve alguém falando com ele de forma
> rude e ofensiva
> O sábio bodisatva permanece bastante tranquilo
> e contente.
> [Ele pensa] "Quem fala? Quem escuta? Como,
> para quem, por quem?"
> O discernimento é [então] devotado à primordial
> perfeição da paciência.[21]

Esse verso maravilhoso é como um koan Zen. Ele descreve a prática: quando você se encontra repentinamente agitado por uma palavra dura, note a emoção exaltante. Mas em vez de deixá-la chegar a você, rodopiando-o numa enchente de pensamentos, sentimentos e palavras raivosas, tente permanecer calmo e presente e pergunte a si mesmo: "quem fala, quem ouve,

como, por quem, para quem?". Por fim, você pode identificar essas questões com alguma sensação em sua barriga (o mesmo lugar em sua barriga onde você sente sua respiração na sua meditação diária) e pode, simplesmente, trazer atenção para aquele lugar em sua barriga sem usar nenhuma palavra.

Essas perguntas perfuram a superfície do momento emocional, mergulhando você em sua profundidade. Nesse momento de emoção, quem é você? Quem é o que chamamos de outro? O que realmente está acontecendo?

Você não está procurando respostas. Você está simplesmente praticando as perguntas. Isso abre e desconstrói o momento. O que está realmente acontecendo num momento de raiva? Respiração e corpo. Quem fala, o ouvinte, a emoção desagradável. Terra e céu. Existência e não-existência. Apreciação e sofrimento. Em outras palavras, a história superficial – "ela não tem o direito de dizer isso, estou zangado, estou gritando" – quando investigada, é experimentada livre de seus termos convencionais. Não há realmente eu, você, emoção, palavras. Há simplesmente a experiência que se exalta. Saber disso – que todas as nossas concepções de qualquer momento, por mais convincentes que possam parecer, são meramente concepções sem substância real – nos torna perfeitamente pacientes.

Práticas

Práticas de meditação

» Sente-se e preste atenção ao seu corpo. Agora, preste atenção à sua respiração, entrando e saindo, enquanto sua barriga sobe e desce. Repouse em cada exalação na barriga. Note qualquer sensação física que seja desconfortável ou desagradável. Não tente ajustar seu corpo ou fazer as sensações desaparecerem ou serem de algum outro jeito. Apenas fique consciente delas, explore-as e continue a respirar. Veja se elas mudam com o tempo.

» Sente-se e preste atenção ao seu corpo, sentindo sua respiração na barriga, entrando e saindo. Repouse em cada exalação. Sinta-se relaxado com cada respiração sucessiva. Uma vez que você tenha estabelecido alguma paz, lembre-se de um evento recente (ou talvez não tão recente) no qual alguém o tenha magoado com uma palavra ou um olhar. Imagine esse momento. Esteja com ele deliberadamente enquanto respira. Sinta quaisquer emoções que surjam enquanto você pensa sobre elas, mas não tente satisfazer pensamentos e especulações: mantenha seu foco na postura e na respiração, criando espaço, que permite que as emoções surjam e passem com calma. O objetivo aqui não é produzir insight sobre o evento, mas, ao contrário, sentar-se calmamente com as sensações enquanto elas vêm e vão, sem ser reativo.

» Meditação de Enviar e Receber (Tonglen): sente-se e preste atenção ao seu corpo e respiração. Fique atento aos pensamentos, imagens, memórias, o que quer que surja na sua mente. Agora fique atento à atenção em si mesma, que é o recipiente ou pano de fundo para o conteúdo da sua mente. Pouco a pouco (usando sua expira-

ção para se acalmar) mude sua atenção do primeiro plano (pensamentos, imagens e afins) para o pano de fundo (consciência em si mesma). Relaxe nessa consciência espaçosa. Sente-se assim por um tempo.

Agora, respire em qualquer dor ou sofrimento que você possa ter, seja a dor e sofrimento que você está sentindo exatamente agora ou uma dor e sofrimento do passado. Imagine você sentado à sua frente. Atraia o sofrimento que vem de você do outro lado da sala, sentindo-o como uma substância grossa e esfumaçada que você pode de fato inalar. Tenha confiança de que a consciência espaçosa que você já estabeleceu é completa o suficiente e forte o suficiente para ser capaz de fazê-lo. Então, exale e imagine que a dor foi transformada em energia curativa, leve e agradável. Exale essa agradável energia curativa em direção a você mesmo.

Agora, inspire a dor e o sofrimento de alguém que você ama. Imagine essa pessoa sentada à sua frente. Imagine seu sofrimento como uma grossa substância esfumaçada que você pode de fato inalar. Tenha confiança que essa consciência espaçosa que você já estabeleceu é completa o suficiente e forte o suficiente para ser capaz de fazê-lo, trazer para si e transformar a dor do outro. Então, exale e imagine que a dor foi transformada em energia curativa, leve e agradável. Exale essa agradável energia curativa e envie-a à pessoa amada.

Repita isso para uma pessoa neutra, um grupo de amigos e por todo sofrimento em todo o mundo. Inspire-o e expire a cura, enviando esta energia curativa para todo o mundo–acima, abaixo e em todas as direções.

Relaxe novamente na consciência espaçosa.

» Sente-se e preste atenção ao seu corpo. Agora, preste atenção à sua respiração, entrando e saindo, enquanto sua barriga sobe e desce. Imagine o sofrimento como um

pequeno ponto vermelho em frente a você. Inspire esse ponto. Expanda-o lentamente enquanto ele cresce e fica tão grande quanto possível, ao ponto de cobrir todo o universo. Repita para si mesmo: "O sofrimento não é meu, ele pertence a todos e a tudo. O sofrimento é vazio de sofrimento". Sinta a cor vermelha como bela.

Note que se você se sentir reticente sobre experimentar essas práticas, você não deve fazê-las! Pode ser tudo bem desafiar a si mesmo quando você tiver o apoio de uma comunidade espiritual e de guias espirituais experientes, mas não por conta própria. Nunca faça nenhuma das práticas recomendadas neste livro a menos que você se sinta perfeitamente confortável com elas.

Práticas da vida diária

» Perceba qualquer sensação física desconfortável ou desagradável que surja durante o dia. Assim que você a sentir, preste bastante atenção. Perceba pensamentos que surgem associados a elas. Perceba as sensações por si mesmas o mais de perto que puder.

» Preste bastante atenção a todos os momentos de frustração que surgem durante o dia. Eles são preciosos para sua prática da paciência: todos os potes, pacotes, portas ou janelas que não abrem facilmente, todas as irritações com o trânsito ou filas de caixa, todo hardware e software que funcionam mal quando você mais precisa que eles funcionem, todas as pessoas que parecem muito lentas ou muito exigentes, todas as pessoas que parecem não escutar quando você fala. Perceba a frustração, etiquete-a como frustração, cheque os pensamentos e ações associados a ela. O objetivo não é fazer a frustração ir embora – ainda assim, ela provavelmente irá – mas estudá-la, reconhecê-la.

» Pratique os passos na prática da raiva das páginas 95-97.

A Perfeição da Paciência

» Como recomendado por Dogen, reduza sua prática da paciência a duas simples práticas: primeiro, apenas siga em frente, não importa o que aconteça; e segundo, seja de benefício para os outros.

» Memorize os versos de Tokme Zongpo e do Sutra de Oito Mil Linhas da Prajnaparamita. Repita-os quantas vezes você puder durante o dia para lembrar-se da prática da paciência.

» Quando um momento de frustração ou conflito com outra pessoa surgir, treine-se para fazer as perguntas: "Quem fala? Quem ouve? Como? A quem, por quem?"

5. A Perfeição do Alegre Empenho

O compromisso do bodisatva é infinito, o trabalho é contínuo e o amor e desejo de estar a serviço dos outros é ilimitado. Para seguir com o trabalho, os bodisatvas praticam a perfeição do alegre empenho. É impossível ser um bodisatva sem muita energia, e você não pode ter muita energia sem amor ilimitado pelo que faz.

Virya paramita é a expressão em sânscrito que traduzo como "a perfeição do alegre empenho". A palavra *virya* vem da mesma raiz da palavra viril: forte, masculino, heroico. Virya é mais comumente traduzida como "energia" ou "entusiasmo". Ela implica o que é irreprimível. Bodisatvas são como os bonecos infláveis budistas que você vê no Japão. Os bonecos estão na forma de Bodhidarma, o lendário monge da Ásia Central, que levou o budismo para a China e que, por isso, é tido como o fundador do Zen. Você pode bater nesses grandes bonecos infláveis, nocauteando-os, mas eles pulam de volta. A energia da queda fornece energia para a volta: nenhuma energia é perdida. Para os bodisatvas, ser nocauteado já é levantar-se – cair-levantar, um só movimento. Bodisatvas, como o coelhinho da Duracell, apenas seguem adiante. Mas seu esforço não é rígido ou mecânico, é efervescente. Eles amam fazer prática espiritual, em todas as suas infinitas variedades e formas, para benefício próprio e dos outros, e eles seguem fazendo, não importa o quê. Eles simplesmente não poderiam fazer de outro jeito. A energia impossível de derrotar dos bodisatvas vem de sua prática do alegre empenho.

Textos tradicionais trazem relatos de bodisatvas que não poupam esforços para seguir continuamente com suas práticas por

muitas vidas, passando por sacrifícios extraordinários e provas de resistência. Mas, diferente dos heróis mitológicos, que conquistam monstros ou reinos maléficos e superam terríveis obstáculos à força, bodisatvas conquistam inimigos internos: seu próprio egoísmo e pequenez. Eles superam obstáculos não pela força contrária, mas pela paciência (como discutimos no capítulo anterior), uma vez que os superam, eles vão adiante novamente com alegre empenho. É o amor, não o poder, que os impulsiona.

Visão binocular

O caminho do bodisatva requer visão binocular, ver com dois olhos. Do jeito que estamos vivendo agora, vemos apenas com um. Nós vemos que somos pessoas comuns, sem muita compreensão ou visão profunda e com muito pouca energia para qualquer coisa além da manutenção e construção de nossas próprias vidas. Com apenas um olho, vemos sérios problemas – dilemas sociais, econômicos, políticos e ambientais intratáveis. Vemos atitudes e emoções que nos confinam, tornando nossas vidas difíceis. Nos sentimos enclausurados num mundo conturbado.

Quando vemos apenas com um olho, perdemos profundidade. Ver com profundidade requer um segundo olho, o olho do bodisatva. Esse segundo olho vê nosso potencial humano extraordinário. Vê que nós o temos dentro de nós para sermos bodisatvas praticando a generosidade, conduta ética, paciência, alegre empenho, meditação e compreensão. Vê que temos a força dinâmica para seguir nos empenhando nesse caminho infinito do despertar universal e que fazemos isso juntos. Uma vez que desenvolvemos esse segundo olho e o adicionamos ao primeiro, vemos com profundidade. Essa percepção da profundidade não oblitera nossos problemas – eles certamente permanecem em primeiro plano – mas ela os reemoldura, mudando o pano de fundo, substituindo o pano de fundo do medo, restrição, falta, talvez até mesmo pânico, por um pano de fundo de infinitude. Agora vemos possibilidade. Vemos conexão e amor. Vemos um caminho.

A visão binocular implica na natureza dual das práticas que tenho sugerido. Por um lado, somos realistas. Vemos nossos problemas e falhas, não tentamos ignorá-los ou negá-los. Não estamos fingindo. Nós sabemos quem somos, o que aconteceu e como nos afetou. Praticando com nossos problemas, defeitos e limitações pessoais, nos curamos. Por meio de nossas limitações, nos conectamos uns com os outros. Usando nossa vulnerabilidade como alavanca, reduzimos nossa dor humana. Um maravilhoso ditado Zen japonês descreve esse processo: quando você cair no chão, use o chão para se levantar.

Por outro lado e ao mesmo tempo, estamos constantemente trabalhando no nosso compromisso de bodisatva. Com estudo, reflexão, meditação e práticas criativas, cultivamos um compromisso de crescer além de nossa pequenez herdada, de expandir nossa visão, de nos movermos além de nossos eus condicionados, que sabemos que podemos ser. A visão do bodisatva nos dinamiza e nos mantém em movimento.

O alegre empenho é tanto a causa quanto o resultado dessa visão binocular. Praticá-lo refresca e fortalece nossa visão, e nossa visão, em troca, nos dá energia para seguir continuamente com nossa prática. Embora a princípio possa parecer difícil sustentar, a perfeição do alegre empenho, conforme seguimos, se torna mais fácil. Nos damos conta de que não há outro jeito, nunca houve outro jeito e que estamos nos divertindo!

A prática bodisatva do alegre empenho envolve atividade energética na busca da bondade. Isso significa, especificamente, empenho direcionado para o que é amável e benéfico, na direção do que expande o coração. Empenho no contexto das outras práticas do bodisatva: generosidade, conduta ética e assim por diante.

Preguiça

Tradicionalmente, o alegre empenho é definido pelo que ele não é: preguiça.

Preguiça não é só letargia e sonolência. A preguiça também pode ser a pressa em fazer um monte de coisas que, na verdade, são motivadas por uma fuga do que mais precisamos resolver em nossas vidas. Grande parte do esforço que fazemos é apenas esse tipo de preguiça – estamos trabalhando duro para fugir de nós mesmos, para evitar encarar o que sabemos que precisamos encarar.

Nos dias de hoje, trabalho em excesso se tornou um vício. A maioria dos empregos é extremamente exigente. Conforme a produtividade e a criatividade se intensificam, nossas mentes rápidas e férteis pensam em mais e mais tarefas que precisam ser feitas, e as empresas, para se manter enxutas, empregam menos pessoas para realizá-las. Somando a isso a nossa necessidade contemporânea por entretenimento e distração, além das demandas voluntárias de nossas redes sociais, e temos vidas muito cheias. Não é de admirar que nos encontremos checando nossos e-mails pessoais e profissionais à noite, impossibilitando uma noite de sono restaurador. Não é de admirar que estejamos tão perturbados e emaranhados em nossas vidas. Enquanto existem, provavelmente, alguns acomodados por aí, não muitos de nós são preguiçosos no senso comum do termo. Mas do ponto de vista do alegre empenho, a maioria de nós é negligente.

Desânimo, duvidar de si mesmo e depressão momentânea também são formas de preguiça. Rotulá-los como "preguiça" não significa aumentar a culpa e a autodepreciação, mas, sim, nos capacitar a superar esses estados emocionais difíceis. Ninguém pode prevenir o desânimo, o duvidar de si mesmo e a depressão de surgirem quando as causas que as produzem estão presentes. Mas quando facilmente nos entregamos a esses estados emocionais, assumindo que não há saída, involuntariamente tornamos as coisas piores.

O alegre empenho pode ser um antídoto para esses problemas comuns. Ele surge baseado no estoque de fé que cultivamos com a prática, fé que, como seres humanos, somos inerentemente preciosos e valiosos. Reconhecemos que o pensamento de que não somos preciosos, de que nossas vidas não são im-

portantes, é um pensamento obscuramente condicionado. Embora não possamos evitar, ele não precisa ser validado. Ele deve ser confrontado com paciência. A prática do alegre empenho começa com o reconhecimento de que nossos impulsos mais obscuros não precisam reger nossos corações.

De acordo com as leis de todas as nações, assassinar um ser humano é um crime. É perfeitamente legal assassinar muitos outros tipos de criaturas, de insetos a grandes animais domesticados, mas não seres humanos.

Essa realidade legal reconhece que consideramos a vida humana preciosa e sagrada e que nenhum ser humano, mesmo um muito inteligente, rico e talentoso, tem o direito de tirar a vida humana. Se toda vida humana é sagrada, sua vida deve ser sagrada. Se é assim, como você pode ceder ao desânimo e duvidar de si mesmo? Então, quando esses sentimentos surgem, você pratica se pegar pela mão e lembrar que o que está sentindo não pode simplesmente ser uma avaliação acurada de quem e o que você é. Na verdade, você é uma criatura incrível, digna de respeito e amor, não importa quais sejam as suas circunstâncias agora e não importa o que você esteja sentindo. Seu desencorajamento é temporário. Ele surge devido a condições presentes, vai passar logo. Enquanto isso, você pode ler um bom livro de ensinamentos espirituais, fazer algum exercício ou sair para uma caminhada entre árvores e céu azul.

Se você acha que é incapaz de lidar com sua negatividade desse jeito, a prática do alegre empenho vai estimular você a procurar apoio e encorajamento de outros—amigos, terapeutas, grupos de meditação ou grupo de práticas devocionais—onde quer que os encontre. Se entregar à negatividade é preguiça. (É evidente que depressão clínica e problemas mentais sérios necessitam de tratamento. A prática do alegre empenho é sempre útil, mas nesses casos é insuficiente.)

A maior fonte de preguiça é nossa semicegueira sobre nossas vidas. No capítulo sobre alegre empenho, Shantideva nos desperta da letargia com uma linguagem forte, relembrando-nos que somos como um peixe numa poça – que prazer podemos

de fato encontrar quando nossas vidas são tão curtas, e a morte já está respirando em nosso pescoço? Como podemos brincar com o desânimo e a negatividade, quando estamos em uma situação tão terrível? O fim de sua vida, ele escreve, virá muito mais cedo do que você pensa e, quando se der conta, vai dizer: "O quê? Como isso aconteceu? Eu mal comecei! Tudo passou tão rápido!". Você vai olhar para seus parentes encarando seu triste corpo diminuído, balançando suas cabeças tristemente, e não saberá o que dizer. Será atormentado enquanto lembra de todo tempo que desperdiçou, sem pensar nos outros, sem usar o tempo para apreciar sua vida e amar as pessoas que você queria amar.

Ser humano é um presente raro. A maioria das criaturas em nosso planeta não recebeu esse presente. Tendo recebido, que vergonha que esteja desperdiçando-o com coisas que pensa fazerem sentido, mas que, nas suas horas finais, vai lamentar. Pensando sobre isso, talvez você possa despertar agora mesmo de sua preguiça e começar a expandir sua visão de quem você é e o que a sua vida é. Talvez agora seja o tempo de começar o caminho do bodisatva de amor máximo e cuidado por todos em sua vida – e além.

Essas, em qualquer escala, são as reflexões que Shantideva recomenda para nos incentivar a despertar a prática do alegre empenho.

Mesmo sem essas visões drásticas, podemos entender o motivo de ter alegre empenho. Podemos ver, por exemplo, que muito do que parece nos dar prazer não vale tanto a pena quanto imaginamos. Nos cansamos disso muito facilmente. Boa comida e bebida e todas as formas de prazer sensual perdem seu efeito prazeroso quanto mais nos satisfazemos. A primeira taça de vinho pode ser boa, mas a quinta e a sexta não são tão boas e arruínam nosso amanhã. A primeira promoção no trabalho é empolgante, mas depois de um tempo o avanço profissional apenas parece mais do mesmo, mais um degrau numa escada sem fim que não está realmente levando a lugar algum. E o dinheiro não ajuda. Uma certa quantidade de dinheiro é ne-

cessária para manter uma vida decente. Mas o que é uma vida decente? Quanto é suficiente? Provavelmente, muito menos do que se pensa. E o que é dinheiro, afinal? Na maioria das vezes, dinheiro é uma ideia de valor próprio, e uma ideia vazia. Pensar muito sobre ele distorce a imagem de nossas vidas.

Quanto mais você checa sua experiência, mais claro fica que, no final, as únicas coisas que valem a pena são o amor e a satisfação interna que vêm de viver a vida profundamente. Esses valores devem ser perseguidos com alegre empenho.

Praticando o alegre empenho

Mesmo que o ponto mais alto do alegre empenho seja amar e cuidar dos outros, a prática começa com cuidar de nós mesmos, nossos corpos e emoções. Se você quer fazer uma contribuição para o bem-estar de seus amigos e do mundo em geral, você deve estar razoavelmente em forma física, emocional e espiritual.

Entrar em forma começa com as coisas mais simples, o corpo e a respiração. Uma respiração lenta, de ritmo constante, como na meditação, é boa para o corpo. Tire um tempo todos os dias para respirar bem e sentar-se em silêncio para que você possa gentilmente aceitar e aliviar as amarras, flechas e ferimentos da vida diária.

O que você come é importante. Se alimentar mal é o oposto de praticar o alegre empenho. Coma alimentos que façam bem para o seu corpo e para o planeta. Nos dias de hoje, a boa comida está mais disponível do que nunca. Não compre coisas pré-prontas. Não leva muito tempo para lavar e preparar comida. Faça com atenção e entusiasmo. Quando você vê essa atividade como parte da sua prática de alegre empenho, não leva tempo algum. Não é tempo, é vida.

Exercite-se sempre que puder. O exercício é a melhor medicina. Ele preserva seu corpo e protege seu bom humor, para que você possa oferecê-lo aos outros. Isso lhe dá a energia ne-

cessária para prestar atenção às pessoas em sua vida. A prática regular de exercícios torna muito menos provável que seu corpo desmorone antes do tempo, fazendo com que outros se preocupem com você e precisem cuidar de você, e custando dinheiro em cuidados de saúde que poderiam ser gastos com outras necessidades.

Fazer essas coisas pode parecer, a princípio, uma tarefa. Você pode até chegar ao ponto de ficar cheio de preocupação e paranoia sobre sua alimentação e as condições do seu corpo, ou cheio de culpa por não estar fazendo todas as coisas boas por você, que sabe que deveria fazer. Quanto mais preocupado e culpado você se sentir, mais preocupado e culpado você fica. Você se sente culpado por se sentir culpado, preocupado por estar preocupado: você sabe o quão ruim preocupação e culpa são para você! Sim, pode realmente se tornar ridículo assim mesmo.

Preocupação e culpa são o oposto do alegre empenho. Uma vez que você se acostuma a cuidar de si mesmo – se empenhando forte, lenta e constantemente para agir assim, esperando contratempos como normais e não levando para o lado pessoal – isso se torna natural e fácil. Depois de um tempo, não comer besteira se torna mais prazeroso do que comer. Você não mais anseia por gordura, óleo e açúcar, que antes eram tão viciantes. As idas obrigatórias à academia se tornam um prazer pelo qual você anseia e sente falta quando não vai. Atividades físicas vigorosas dão a você uma chance de repousar sua mente e apreciar estar vivo. Ficar bem familiarizado com seu corpo é interessante. Você está corporificado: coração, pulmões, mãos, pernas, dedos e dedos dos pés. Como é isso?

Do mesmo modo, você pratica o alegre empenho cuidando das suas emoções. Nos capítulos anteriores, conversamos sobre técnicas para fazer isso. Praticar o alegre empenho significa que aplicamos essas técnicas com prazer, interesse e um espírito de constante investigação e refinamento. Com alegre empenho você desenvolve a atitude de que não é um defeito ou uma tragédia ficar com raiva, se ver em meio a um conflito ou sofrer algum tipo de perda. Em vez da sua mente afundar em

desânimo e letargia quando essas coisas acontecem, sua energia se eleva. O que aconteceu com você realmente aconteceu e não pode "desacontecer", então, você fica feliz em assumir e ver o que pode ser feito. Se ficar desanimado ou deprimido, você entende que esses sentimentos acontecem às vezes com os bodisatvas, que devem aprender a se perdoar por seus estados mentais difíceis, suportá-los com paciência, encará-los completamente, substituí-los por estados mais saudáveis, se possível, ou, se não, esperar que eles passem e seguir adiante. Quando você pratica o alegre empenho, você está bem menos atormentado pela culpa, remorso pernicioso e dúvida de si mesmo. Tais estados podem vir, mas quando surgem eles são menos virulentos do que costumavam ser. Eles se tornam objetos de estudo e prática. Com o alegre empenho você desenvolve um senso de humor sobre seus hábitos mentais persistentes e ridículos. Como um comediante, você terá suas próprias rotinas: "Ah, Senhor Ninguém-Pode-Ser-Pior-Que-Eu, como vai hoje? Reclamando muito? Tentando consertar o mundo para ele se adaptar a você? Isso está funcionando?"

A "alegria" no alegre empenho é crucial. Ela implica, como indiquei, numa mente ascendente, uma mente feliz e tranquila, um senso de humor, mesmo quando as coisas não estão indo bem. A palavra *empenho* soa como um esforço. Mas o alegre empenho requer quase nenhum esforço. É esforço sem esforço – esforço sem tensão ou pressão, apenas fazer por fazer, não pela realização, dinheiro ou prestígio. É a pressão de atingir um objetivo que faz o empenho esforçado. Em seu capítulo sobre o alegre empenho, Shantideva diz que a maioria das pessoas realiza tarefas pela satisfação que podem ou não receber delas. Mas para os bodisatvas o alegre empenho já é por si só a satisfação – eles não ficam satisfeitos a menos que sigam se empenhando. O empenho é o objetivo, então é fácil.

Bodisatvas, você vai lembrar, têm objetivos impossíveis. Eles querem felicidade plena, despertar, justiça e respeito para todas as criaturas em todos os lugares, sem nenhuma exceção. Esse é o seu objetivo. Eles sabem que é impossível. Logo, vão levar um

tempo para realizar: um infinitamente longo período de tempo, uma quantidade de tempo que só poderia existir na imaginação. O objetivo do bodisatva é tão enorme que poderia mesmo não ser objetivo nenhum. Com um objetivo tão grande assim, os bodisatvas certamente estarão praticando alegre empenho para sempre, sem expectativas. Se eles tiverem bons resultados, maravilhoso, mais uma gota no balde – e adiante. Se eles tiverem resultados ruins, maravilhoso, você nunca sabe como as coisas vão sair a longo prazo – talvez esse contratempo vá de alguma forma ter bons efeitos com o passar do tempo – e adiante. Nesse espírito, bodisatvas seguem adiante com seu alegre empenho sem esforço.

Às vezes, os bodisatvas ficam cansados e descansam. Às vezes, eles veem que sua atividade não está funcionando, então eles param. Descansar ou mudar o curso é parte da prática do alegre empenho, não uma pausa dele. Bodisatvas não dão pausas. Mesmo suas pausas não são pausas! Eles dão pausas entusiasmadas, amáveis e relaxantes, para seu próprio bem e para revitalizar corpo e mente para que possam seguir adiante com alegre empenho em benefício dos outros.

Alegre empenho em todas as condições

Tudo isso pode fazer parecer que o alegre empenho é uma prática apenas para os jovens e fisicamente capazes. Mas não é o caso. Não importa a sua condição, você pode achar o jeito apropriado de praticar o alegre empenho.

Eu conduzo muitos retiros longos de meditação, durante os quais dou uma palestra diária e passo horas recebendo os praticantes (isto é, bodisatvas) em entrevistas privadas. Eu fiquei doente em retiros mais de uma vez. Pode parecer que seja uma situação terrível, que não há como sobreviver a um retiro doente. Mas existe um modo de praticar alegre empenho até mesmo quando se está doente. Você faz isso modulando sua atividade, diminuindo seu ritmo para corresponder à condição de seu corpo e mente. Quando estou doente num retiro, não tento agir

como se não estivesse doente – eu pratico no retiro como uma pessoa doente faria. Eu modulo minha energia para me adaptar à minha condição. Tento praticar suavemente e constantemente, não tão vigorosamente. Tento não gastar tempo desejando outra condição. Apenas vivo na condição que me encontro. Foco mais em apenas fazer uma coisa. Me ajuda lembrar que eu não estou no retiro para meu próprio divertimento. Eu estou ali por outras pessoas, porque esse é meu trabalho, minha alegria e minha vida. Sabendo disso, como eu poderia reclamar ou desejar outra coisa, mesmo estando doente? Quando penso assim ganho mais energia, ou apenas energia suficiente para fazer o que preciso fazer, descansando em todos os intervalos e fazendo mais intervalos se precisar.

Esse é o grande segredo do alegre empenho e talvez seu aspecto mais importante: alegre empenho não é algo que se faz. Alegre empenho é vida, é compartilhar a vida. Vem de qualquer lugar, flui através de você quando você está pronto para permitir. Uma vez que você pare de impedir seu fluxo, pare de tencionar, pare de pensar que sua vida é sua e depende de você, a energia de alguma forma aparece – apenas energia suficiente, dadas as condições de seu corpo e as circunstâncias. Se você tem que fazer alguma coisa, você faz. Se você tem que descansar, você descansa, e outra pessoa fará o que você teria feito.

Por sorte, tenho sido capaz até agora de praticar quando fiquei doente durante retiros. Provavelmente, algum dia não serei capaz de fazê-lo. Nesse caso, vou fazer o que normalmente faço quando estou doente: ir para a cama. Ir para a cama também pode ser praticar o alegre empenho. É estar doente completamente. Não é tão ruim. Estar doente é o que o corpo naturalmente faz quando as condições pedem. É claro, virá o tempo em que eu estarei tão velho ou doente que não serei capaz de fazer retiro algum. Quando acontecer, vou praticar o alegre empenho do jeito que for capaz. E os outros vão se beneficiar da minha ausência. Eles irão guiar os retiros, continuando a prática do alegre empenho, que não é minha, ou deles, ou de qualquer um.

A Perfeição do Alegre Empenho

Uma das minhas histórias Zen favoritas é sobre o famoso Mestre Mazu, que era conhecido por ser um homem enorme, de mais de dois metros de altura, forte e assustador, com mais de cem discípulos treinados. Requer muito alegre empenho para treinar até mesmo só um discípulo. Ter mais de cem discípulos é um grande feito – nunca igualado, que eu saiba, antes ou desde então. (É claro, histórias Zen são imaginárias, então quem sabe se Mazu realmente teve cem discípulos ou como ele realmente era?) Na história, Mazu está doente. Talvez muito doente – talvez no fim de sua vida. Ele está deitado na cama em um estado bastante precário, desamparado, como um pequeno bebê. Seu assistente pergunta: "Como está seu corpo hoje?" Mazu responde: "Face do sol, Buda, face da lua, Buda."[22]

Budas em face do sol são budas vigorosos que vivem por muitos éons em total força. Budas em face da lua são budas tranquilos, quietos, que vivem por um dia e uma noite. Mazu está dizendo: "Sim, estou um destroço, mas sou um destroço de Buda. Qualquer que seja a condição em que me encontre, é a condição perfeita. Em qualquer condição, tenho o que preciso para praticar o alegre empenho, para ser um bodisatva na forma apropriada e no estilo adequado à situação."

Nossa grande professora Zen contemporânea Maurine Stuart é a protagonista numa história bem parecida. Anos atrás, ela foi diagnosticada com um câncer de fígado incurável. Ela ainda era uma mulher relativamente jovem, cheia de energia e muitos alunos para cuidar (entre eles, minha mulher e eu). Ela deu um ensinamento, no qual disse com grande vigor: "Eu não estou doente!". Todos ficaram chateados: a grande mestre Zen em completa negação! Finalmente, alguém a confrontou. Maurine disse: "Eu sei que tenho câncer. Eu sei que vou morrer logo. Mas eu não estou doente!" Ela continuou a praticar o alegre empenho até o fim de sua vida. Pelo que eu saiba, ela ainda está praticando.

No final do capítulo sobre alegre empenho, Shantideva tem uma imagem marcante. Assim como um retalho de algodão puro é balançado pelo vento, ele escreve, assim deveria um bodisatva ser movido por sua prática do alegre empenho.

Isso parece clamar por um esforço heroico extenuante, que você vê nos anúncios de bebidas esportivas, apresentados por atletas suados, tensos, com olhar determinado, usando ao máximo seus corpos e mentes. Ao contrário, o alegre empenho é fácil e suave, fluindo e vagando, como algodão indiano numa suave brisa.

Para explorar ainda mais a alegre energia, vamos pensar sobre alguns fatores-chave que estão intimamente conectados a ela: desejo, voto, integridade, coragem e esperança.

Desejo

O budismo clássico tem uma visão obscurecida do prazer sensual e do desejo que está conectado a ele. Na formulação inicial da segunda nobre verdade, a causa do sofrimento é o desejo. (Em interpretações posteriores, a causa raiz se tornou a ignorância, porque a ignorância foi tomada como a base do desejo.) Sofremos porque desejamos prazer e coisas que não podemos ter e nos agarramos a coisas prazerosas que não podemos manter. Queremos permanecer jovens, mas temos que envelhecer. Queremos viver, mas temos que morrer. Queremos ser ricos, bonitos, realizados e talentosos, mas não somos – ou não somos o suficiente para satisfazer nosso desejo superdimensionado. Então, o desejo é a causa primária do sofrimento.

Na lista tradicional de obstáculos para praticar, o desejo sensual é o primeiro deles. Apesar de o budismo ser famoso por ser o caminho do meio entre o ascetismo e a indulgência, as escrituras iniciais, pelos padrões contemporâneos, são um tanto desconfiadas do mundo e seus prazeres. A atitude inicial do budismo parece ser: se engaje no mundo, já que não há escolha, mas faça o mais cautelosamente possível – e cuidado!

Os extravagantes sutras Mahayana tomam quase a visão oposta. Eles retratam oferendas feitas a budas, bodisatvas e outros grandes professores – pilhas de comida, flores perfumadas, estandartes, bandeiras, para-sóis. Os adeptos do budismo er-

guem pavilhões luxuosos, castelos e tronos. Eles espalham pétalas de flores no chão e o pavimentam com ouro, lápis-lázuli e outras pedras preciosas. A imaginação corre solta nesses sutras, cheios de sensualidades impossíveis.

Se no budismo clássico o desejo deve ser domado e modulado para que tome seu lugar certo em meio a outros aspectos de nossas vidas, no budismo Mahayana o desejo deve ser transmutado e cultivado. O que é a entusiástica prática do alegre empenho se não o próprio desejo avançado, canalizado nos pântanos do amor e da compaixão? A prática do bodisatva é certamente uma prática de desejo – desejo pelo bem-estar dos outros, pelo seu benefício, empreendido a partir do amor à vida e a tudo que vive.

O que é desejo? Não é apenas um fenômeno. Desejo egoísta é natural e biológico. É uma força de vida que não pode ser negada. Eu vi um vídeo recente no qual alguém perguntou ao Dalai Lama o que ele diria se tivesse passado sua vida como um mudo e, de repente, tivesse ganhado meio minuto para falar. Primeiro, ele explodiu em gargalhadas dizendo "que pergunta boba!" Então, pressionado para responder, disse: "Depende da situação. Se eu estivesse com fome na ocasião, diria: "me dê algo para comer!" Então, sim, o desejo egoísta é inegavelmente necessário. A pessoa tem que tomar conta de si mesma e prover a si com o que necessita para sobreviver com um mínimo de prazer. Mas, como dissemos, quando você adiciona prazer ao prazer, satisfaz desejo em cima de desejo, as coisas não funcionam bem. A quinta taça de vinho não vai ajudá-lo.

Atualmente, a satisfação coletiva do desejo egoísta levou a uma situação extrema. Nosso planeta não pode continuar se rendendo às satisfações materiais que temos exigido dele. Agora, temos um sistema econômico mundial que depende de uma exagerada ênfase no desejo egoísta para continuar funcionando. A lógica do sistema recompensou algumas pessoas e países com riqueza sem precedentes, enquanto deixou outros com virtualmente nada. Um ponto infeliz sobre o desejo egoísta foi amplamente exposto!

O desejo do bodisatva, entretanto, é um desejo inerentemente altruísta. É o combustível para o alegre empenho em benefício dos outros. Como disse, bodisatvas compreendem que o lado pessoal de um indivíduo está entre os muitos a serem cuidados. O autocuidado e a autocompaixão estão envolvidos no caminho do bodisatva. É impossível negar completamente o cuidar de si mesmo. Apenas um santo poderia ser perfeitamente, literalmente, altruísta. Se mesmo Dalai Lama, com apenas meio minuto para falar, pediria por comida quando está com fome, quanto mais algum de nós!

Porém, tendo cuidado de nossas próprias necessidades o suficiente para seguirmos vivendo, continuamos a praticar altruisticamente. É um maravilhoso paradoxo que o altruísmo seja o egoísmo final. Pense nisso: uma vez que vemos além de nossos próprios narizes, percebemos que amor, amizade e conexão são as melhores coisas para nós. Elas são o que ansiamos, o que nos faz mais felizes. E elas não somente são satisfatórias, agradáveis e gratificantes por si só, mas também são práticas. Não podemos sobreviver sem o amor e apoio dos outros. Sem nossos pais, amigos, colegas de trabalho e governos, seríamos muito vulneráveis, muito tristes. Quanto mais amor e amizade temos, mais apoio temos nos momentos bons e ruins. O único modo de termos todo esse apoio é sendo acolhedores, é genuinamente pensar nos outros mais do que pensamos em nós mesmos. Não há dúvida que nossa habilidade de agir altruisticamente, para o bem-estar geral, é o único meio para os seres humanos sobreviverem nesse belo planeta.

Então, os bodisatvas têm o forte desejo de praticar o alegre empenho. Shantideva aborda esse ponto com o exagero cheio de imaginação típico de um bodisatva: a pessoa deve ser viciada, ele diz, no alegre empenho. Deve ser absolutamente insaciável, como um amante obcecado pelo amado. O alegre empenho é mais doce que qualquer prazer sensual, então os bodisatvas devem ser constantes no exercício dele. Eles devem mergulhar nele, imediatamente e repetidamente, do mesmo modo que um elefante mergulha numa fonte fresca num dia ardentemente quente. Assim diz Shantideva.

Voto

Bodisatvas são definidos por seus votos. Os sutras mahayana listam os votos do bodisatva, página por página, cada um mais exótico do que o anterior. Ao contrário, a mente sem imaginação é muito mais cautelosa sobre votos e considera que a pessoa só deve fazer votos que sente que pode cumprir em um período de tempo factível. Caso contrário, a pessoa não terá cumprido sua promessa. Apesar de fazer sentido em pequena escala, é muito limitante para a escandalosamente expansiva vida de um bodisatva.

Para os bodisatvas, um voto não é o mesmo que uma promessa de fazer algo para conseguir outra coisa. Ao contrário, um voto é a expressão de profunda intenção e visão – um horizonte em direção ao qual você irá viajar para sempre. Já falamos sobre os quatro grandes votos clássicos do Zen: salvar todos os seres, acabar com todas as ilusões, dominar todos os ensinamentos e se tornar completamente um buda. Esses votos não são promessas que cumprimos – certamente nós não podemos realizá-los nesse curto período de vida. Talvez algum dia, de algum jeito. Mas quem sabe quando?

Ainda assim, votos fazem sentido porque expressam e inspiram um firme compromisso com um caminho, um modo de vida. Não podemos "fazer" ou "tomar" votos como esses. Podemos apenas praticá-los. Praticar um voto significa abraçá-lo de um modo sincero e sério, apesar de sabermos que, como estamos agora, nosso compromisso não pode, possivelmente, ir muito a fundo. É claro, será um pouco oscilante. Mas se continuarmos a praticar o voto – repetindo-o sozinho ou em grupos, refletindo sobre ele, levando-o ao coração, agindo o melhor que podemos, observando o que acontece quando não o seguimos – nosso compromisso irá crescer. Talvez todo o caminho da prática espiritual não seja nada além de fazer votos – uma vez que sinto e acredito quando digo que "seres sencientes são inumeráveis, faço o voto de salvá-los", minha vida está mudada. Não mais estou sujeito à minha própria confusão e apego egoísta.

Isso é certamente verdadeiro no meu próprio caso. Primeiro tomei votos de bodisatva meio casualmente, não realmente compreendendo o que eram. Com o passar dos anos, fiquei mais e mais sério sobre eles, vendo que, sim, eu estava realmente tentando o meu melhor para viver desse jeito, interessado nos outros, indo além de minhas pequenas necessidades.

Os votos que mencionei no capítulo 3 – votos de praticar os dezesseis preceitos do bodisatva – são importantes formas de voto Zen. Quase todo mundo que conheço que fez votos de praticar esses preceitos foi profundamente afetado por isso. Tomar um voto é uma cirurgia na alma. Você remove o compromisso do preocupar-se consigo mesmo e insere voto no seu lugar. Como resultado dessa cirurgia, você se torna um tipo diferente de pessoa. Você não é mais uma pessoa normal, que considera o cuidado e a proteção de si mesmo e dos mais próximos como o mais importante. Em vez disso, você se torna uma pessoa extraordinária, preocupada em reduzir o autocentrismo e estabelecer amor e interesse por todos, sem exceção.

É claro que, uma vez que se torna esse tipo de pessoa, você não consegue não notar que você não é diferente de ninguém. Como qualquer um que tenha tomado os votos do bodisatva pode confirmar, apesar de que tomar votos mude a vida, ao mesmo tempo você permanece o mesmo. Seu autocentrismo não desaparece simplesmente de repente, apesar da cirurgia na alma. Ele permanece exatamente como antes. A diferença é que agora você o reconhece pelo que é, e fica claro (ou pelo menos quase claro) que seu compromisso é ver pela lente do voto. Em vez de afirmar, defender e reforçar a si mesmo, você agora vê que a melhor coisa que pode fazer pelos outros – e por você mesmo! – é admitir que, como todo mundo, você é um escravo do ego e que seu empenho é se libertar dessa amarra. O voto muda suas prioridades, estabelecendo você no longo caminho da expansão.

Integridade

Integridade literalmente significa "totalidade". Totalidade significa que tudo na sua vida está presente como um todo – corpo, fala, mente e atividade, relacionamento com você mesmo, com os outros e com o mundo físico. Ter integridade significa que você não está dividido contra si mesmo, bloqueando sua energia com contradições internas, desapontamentos ou derrotas. Quando você tem integridade, você pode ter contradições, desapontamentos e derrotas, mas em vez de serem postos de lado ou ignorados, eles são envolvidos – integrados – em quem você é. Você está lidando com eles, vivendo com eles, como amigos e aliados. Integridade também implica plenitude moral, retidão, agir honestamente, levando todo mundo em conta, e não agindo desonestamente para favorecer a si mesmo ou promover alguma agenda.

Todos nós temos alguma integridade, mas provavelmente não o suficiente. Sem o cultivo do bodisatva, sem reflexão e esforço para trabalhar a nós mesmos ao longo do tempo, ficamos um pouco em desacordo – nossos impulsos desalinhados com nossas melhores intenções, nossas ações divergindo das profundas inclinações de nossos corações.

Nossos próprios corações, se olharmos bem, estão obstruídos pela divisão. Sentimos ou queremos tanto que sequer reconhecemos ou conseguimos compreender. Essa confusão interna pode tomar a forma de ação não sábia ou errática. Mas, mais comumente, ela toma a forma de estupidez repetida, falta de visão ou de coragem. Nossas vidas não são dinâmicas. Não estamos crescendo. Não somos capazes de ter alegre empenho. Quando você tem integridade, permanece aberto para tudo que sente, bom e ruim. Com seus compromissos de bodisatva, você sabe como permanecer em equilíbrio com isso tudo, como não ser arrastado para uma direção ou para outra. Você não tem medo do que está dentro de você. Não precisa negar ou se envergonhar de nada. Você fica no centro da sua vida, ocupando seu próprio lugar.

Alegre empenho é integridade. É estar em sintonia com todo o seu ser e sua conexão com os outros. É receber do todo, por meio do seu lugar único nele. É a energia que é precisa para promover o todo.

O modo como fomos treinados a viver é o oposto de integridade. Não somos treinados para abraçar o todo. Somos treinados para nos sentirmos separados dele. Somos treinados (e é mais que treino, é nossa biologia também) a nos sentirmos separados, a nos protegermos, a ver a nós mesmos como fundamentalmente divergentes do mundo e dos outros, de modo que precisamos ir contra tudo para avançar em nossos objetivos. Isso não é ruim ou um erro. É normal e natural. Mas, a longo prazo, não vai nos propiciar uma vida feliz, expansiva e criativa. Nos ver como um todo, como surgindo do todo e retornando a ele, é um jeito bem melhor e mais preciso de viver.

Essa verdade está sendo reconhecida em todos os lugares. Nos negócios e na educação, há mais e mais ênfase em trabalhar em equipe em vez da realização individual. Pesquisas mostram que os aprendizados e realizações mais importantes vêm, não de gênios individuais, mas da sinergia de pessoas trabalhando juntas. Ser um membro efetivo de uma equipe requer ouvir aos outros, construir em cima do que os outros dizem e fazem, mergulhar e ajudar, sem nenhuma referência a quem ganha crédito. É assim que os bodisatvas vivem naturalmente. Eles não são obcecados por como estão indo, como são vistos, quantos prêmios ganharam. Quando esses impulsos surgem, eles os compreendem pelo que são e não os seguem. Eles entendem seus impulsos de autocentrismo como normais, ainda que divergentes da integridade. Os bodisatvas se identificam com o todo da situação na qual se encontram. Eles estão dispostos a tomar seus lugares e a contribuir. Mas sua preocupação é com o melhor resultado para todos, independentemente se eles têm muito ou pouco a ver com esse resultado. Seu modo de viver é considerar os outros, considerar a tarefa em questão e ver qual o lugar dela no grande esquema das coisas.

Coragem

A perfeição do alegre empenho (da palavra em sânscrito *virya*, que significa "heroico", como você bem deve lembrar) pode também ser compreendida como coragem.

Coragem implica altruísmo. A pessoa que aguenta firme, passando por todos os tipos de provação para sua própria segurança, glória ou ganho financeiro, não é geralmente considerada corajosa. Talvez resistente e determinada, talvez admirável, mas não corajosa. Entendemos uma pessoa corajosa como alguém que assume grande dificuldade, não para si mesma, mas para o benefício dos outros: sua família, sua nação ou um grande ideal. Bodisatvas são corajosos nesse sentido. Sempre estão tentando esticar além da normal preocupação consigo próprios. Isso é sempre um ato de coragem.

Como todas as pessoas corajosas sabem, coragem não é ausência de medo. É o oposto: é encarar o medo, entrando nele e atravessando-o. O medo não para os bodisatvas. Eles estudam seu medo, se familiarizam com ele e adentram-no pouco a pouco. Eles compreendem que o medo é inevitável e que vai nos derrotar e nos encolher se não o encararmos. Mas se lidarmos com ele, vai nos fazer crescer.

Quanto mais profundamente formos na questão do medo, mais notamos o quão comumente ele aparece de maneiras sutis. Temos medo não apenas diante do perigo físico ou da perda dramática, mas também todos os dias, em quase todos os nossos encontros. Constantemente tememos humilhação, exposição, constrangimento ou fracasso. Apesar desses sentimentos serem leves ou sutis, eles influenciam a maioria das nossas respostas comuns e pontos de vista. Eles nos encolhem, nos tornam defensivos, nos impedem de nos aprofundarmos e de criarmos relacionamentos significativos, que poderíamos ter em todos os encontros de nossas vidas, se ao menos tivéssemos coragem. Acontece que é preciso coragem simplesmente para ser uma pessoa normal, em paz no mundo entre os outros.

Na maioria das vezes, não estamos em paz. Nossas zonas de conforto são muito pequenas e as protegemos constantemente. Com a prática do alegre empenho, temos a coragem de perceber esse medo diário e de nos engajar nele, superá-lo e nos expandir em direção aos outros.

O amor é a coisa mais apavorante de todas. É preciso coragem para amar porque temos que nos entregar pelo amado, temos que estar dispostos a sofrer. Com alegre empenho, os bodisatvas encaram esse grande risco, eles desenvolvem essa grande coragem.

Esperança

É lugar-comum nos ensinamentos budistas tradicionais desmerecer a esperança. Esperança, diz a sabedoria budista convencional, é orientada para o futuro.

Esperança é esperar por algo mais tarde, que não está presente agora. Para encarar e viver o momento presente, muitos professores budistas dizem que você precisa desistir da esperança.

Isso é verdade. Um bodisatva provavelmente não iria esperar *por* alguma coisa. (Eu digo "provavelmente" porque não há regras rígidas e ligeiras para os bodisatvas: meios hábeis não têm limites.) Mas os bodisatvas *são* esperançosos. É claro que eles são. Em tempos de grande estresse ou desafio, é importante que os bodisatvas, para seu próprio bem e para o bem dos outros ao seu redor, permaneçam esperançosos.

Ser esperançoso não significa ser tolo. Quando fica claro que coisas ruins vão acontecer, os bodisatvas não fingem que não é o caso. A esperança do bodisatva não depende de coisas prazerosas acontecendo ou insiste em resultados alegres. A verdadeira esperança existe mesmo quando coisas terríveis acontecem. A esperança do bodisatva surge como uma consequência da prática do alegre empenho. Não tem nada a ver com o que acontece ou deixa de acontecer. Tem a ver com a profunda natureza de ser ela mesma.

Pense nisso: se há um momento presente, ele deve incluir um momento futuro em potencial. Isso é verdade enquanto estivermos vivos. Mesmo que eu esteja para morrer, *neste* momento de minha vida, um momento futuro está embutido. Assim que não houver momento futuro em meu momento presente, não sou mais um ser vivente. Vida é tempo, é esperança.

Cada momento da vida contém um momento futuro. Momentos futuros são desconhecidos e desconhecíveis porque eles ainda não ocorreram. Ninguém pode predizer o futuro. Algo bom sempre pode acontecer, não importa o quão improvável isso possa parecer. É claro que algo ruim também pode acontecer. Mas o ponto é: ninguém pode saber o que o próximo momento trará, como ele se parecerá, quais serão suas consequências. Isto é a vida. Bodisatvas, sentindo profundamente essa verdade, são sempre esperançosos pelo próximo momento da vida. Mesmo que traga catástrofe, encontrar essa catástrofe com alegre empenho é sempre possível. Quando você encontra um momento desse jeito, mesmo que seja o último momento da sua vida, será nobre, decisivo e amável.

Alegre empenho é vazio de alegre empenho

Como falamos sobre cada uma das seis perfeições, a perfeição do alegre empenho não existe realmente. Apesar de gastarmos várias páginas discutindo suas muitas virtudes e ângulos, no fim, não podemos reificar tal coisa, tal qualidade, tal atividade, tal estado de mente. É apenas imaginário. Saber disso nos ajuda a praticar mais efetivamente.

Lembre-se que a palavra *perfeição*, que está acoplada a cada uma das práticas que estamos falando, significa que cada uma dessas práticas está infundida com a sexta perfeição, a perfeição da compreensão, a perfeição de todas as perfeições.

Tecnicamente, a perfeição da compreensão significa ver as coisas como são, ver além da nossa decepção humana comum. Significa ver tudo como vazio, ilimitado, sem chão, sem o tipo de existência rígida que atribuímos às coisas. Vemos as coisas como separadas e reais. Elas não são. Coisas, práticas, ideias,

ensinamentos, técnicas e seres – eles não são fundamentalmente reais, apesar de os projetarmos assim.

Projeção é um termo psicológico comum, que significa ver as coisas de um modo distorcido por, especialmente, atribuir as qualidades das experiências passadas ou de relacionamentos às qualidades presentes. Mas nos ensinamentos do budismo Mahayana, que estão infundidos com a perfeição da compreensão, tudo é entendido como projeção. Há apenas projeções. As coisas não existem como pensamos que elas existem. Elas são fluidas, livres. Os problemas, que pensamos ter, são problemas projetados, são irreais. A pequenez de nossas vidas, nossa falta de coragem, nossa preguiça e letargia são projeções que existem por causa da dor que experimentamos em nosso mundo errado, projetado.

As seis perfeições não existem também. Elas são meios hábeis, modos de olhar e abordar o que é essencialmente inefável, inagarrável e impossível: estar verdadeiramente vivo.

Como disse no fim do capítulo anterior, a razão desse aparentemente tortuoso e estranho ponto filosófico importar é que ele nos mostra que não faz sentido ficar incomodados com nossa prática espiritual. E, assim, nos sentir pressionados, julgar a nós mesmos, nos estressar com esforço excessivo ou autoflagelação, quando pensamos que não estamos fazendo esforço suficiente. Nada disso faz sentido. Não há padrão de alegre empenho para medirmos a nós mesmos.

As seis perfeições são essencialmente funções da imaginação: ao praticá-las, vemos que nossas vidas não são o que pensamos ser, e que nossos problemas são baseados em falsas premissas.

O que é real? Não podemos dizer. O budismo não diz. Ele diz pratique, viva, faça o seu melhor, não tente adivinhar nada. Liberte-se para um espaço maior, mais amoroso, e veja o que acontece.

Dogen sobre a perfeição do alegre empenho

A quarta prática dos quatro métodos de condução de Dogen é chamada de *ação de identidade*. Esse ensinamento tem sido

interpretado de duas formas. A primeira e mais tradicional interpretação é o alinhamento de palavras e atos.

Ação de identidade é uma importante prática para qualquer um de nós, mas especialmente para professores espirituais. Não há nada mais desencorajador para seguidores espirituais do que perceber que líderes religiosos não fazem o que dizem. Mas acontece. Muitas pessoas me contam que deixaram sua religião de origem quando cansaram de observar o comportamento desgastado de ministros, rabinos, padres e outros pilares da comunidade, que descreviam um jogo melhor do que realmente o jogavam. Isso é chamado de hipocrisia, que literalmente significa "fingir, encenar um papel".

Eu levo isso a sério. Tento não dizer nada, em minhas várias palestras e apresentações (ou livros), que eu não acredite e que não tente praticar. Posso não ser capaz de praticar essas coisas muito bem, mas tento. Se o que realmente penso ser verdade parecer contradizer os ensinamentos, eu digo. Meu objetivo é apresentar os ensinamentos que são úteis para as pessoas, e praticar esses ensinamentos eu mesmo. Desse modo, uso minhas próprias palavras como encorajamento: se vou advogar que os outros pratiquem como um bodisatva, é melhor eu fazer o mesmo.

Nos comportarmos de maneira consistente com nossas próprias palavras e intenções é crucial para a prática do alegre empenho. Nada mina mais nossa energia do que a decepção: enganar os outros ou, pior, enganar a nós mesmos. E nada desgasta mais a nossa força do que não vivermos de acordo com nossas próprias intenções. Quando pensamentos, palavras e ações não se alinham, uma sutil erosão da alma lentamente esvazia sua força e motivação. Quando pensamentos, palavras e ações são coerentes, quando você se sente confiante em sua própria integridade, você se sente impulsionado e encorajado. Mesmo quando seu corpo está exausto, você pode continuar seguindo.

Dogen vai além dessa interpretação tradicional. Primeiro, ele reelabora a ação de identidade como ação realizada com um sentido interno de identidade com os outros. Agir dessa forma, ele diz, é alargar seu espírito. "O oceano não exclui a água",

ele escreve, "é por isso que é amplo. A montanha não exclui o solo, é por isso que é alta".[23] Quando não temos senso de realização própria, de servir a nós mesmos ou de nos justificar em nossos atos, quando sentimos como se o que estamos fazendo, no próprio ato de fazê-lo, inclui os outros, teremos mais energia e expansividade em nosso viver. Viver parcialmente é exaustivo!

Dogen aplica essa prática a todos em posição de comando e que têm responsabilidade pelas vidas de outros. Se você não procura recompensa ou reputação, ou mesmo pensa que existe algo como si mesmo ou outro, se em vez disso você faz tudo com um senso de inclusão, você nunca vai cansar do seu trabalho e das pessoas.

Pessoas que estão sujeitas a regras (como a maioria das pessoas eram no Japão feudal) deveriam também praticar a ação de identidade, reconhecendo que cada pessoa é responsável pelo todo em cada momento da ação e que depender de regras que cuidem de você vai reduzir sua força. Isso é um conselho muito bom para nós, no mundo contemporâneo, no qual todos os cidadãos devem prestar atenção ao seu impacto como um todo.

Dogen então concebe essa prática ainda mais intimamente, como exercício físico. A ação de identidade é a prática Zen de total presença em tudo o que você faz – ficar em pé, andar, meditar, cozinhar, limpar e assim por diante. Quando você está plenamente presente em cada atividade, completamente atento, você está praticando a ação de identidade, atividade que a tudo inclui. Quando você varre o chão com plena atenção, você está varrendo o mundo inteiro. Quando você bebe calmamente uma xícara de chá com plena atenção, você está trazendo paz para todos. Quando você pratica assim, você terá muita energia, e os outros serão inspirados a também praticar desse modo.

Versos sobre a perfeição do alegre empenho

Esse é o vigésimo oitavo verso de Tokme Zongpo, de suas *Trinta e Sete Práticas de um Bodisatva*:

A Perfeição do Alegre Empenho

> Ouvintes e budas solitários, trabalhando apenas
> para seu próprio esforço,
> Praticam como se suas cabeças estivessem pegando fogo.
> Para ajudar todos os seres, coloque sua energia na prática:
> É a fonte de todas as habilidades – essa é a prática de um
> bodisatva.[24]

Bodisatvas, como temos dito, praticam o alegre empenho para o benefício dos outros. Para eles, há apenas um tipo de prática espiritual: a prática para e com os outros, sempre com os outros em mente.

No discurso tradicional budista sobre a prática do bodisatva, vários tipos de praticantes não-bodisatvas são identificados, assim como os mencionados nesse verso: "ouvintes" são aqueles que zelosamente ouvem os ensinamentos de um modo linear e tentam colocá-los em prática passo a passo, sem muita imaginação; "budas solitários" são aqueles que completamente superam o sofrimento comum, despertando para a verdade, mas o fazem sem a imaginação para reconhecer que o despertar individual é muito limitado para valer a pena.

Tokme Zongpo diz que, se mesmo pessoas com agendas limitadas praticam com tamanha intensidade (como se suas cabeças estivessem pegando fogo), quão mais deveriam os bodisatvas, cuja prática é para todos, praticar o alegre empenho?

A prática do alegre empenho é a fonte de todas as habilidades, ele diz. Tudo flui dela. Se você aperfeiçoa o alegre empenho, tudo mais flui automaticamente: você vai, certamente, praticar generosidade, conduta ética, paciência, meditação e compreensão – todas essas com alegre fervor, nunca se limitando. Você vai alegremente adiante, tirando proveito em tudo que faz pelos outros. Você nunca vai se cansar de ajudar e de refinar seu empenho e compreensão.

Finalmente, eis alguns versos do *Sutra da Prajnaparamita de Oito Mil Linhas*:

> O bodisatva que deseja vagar por aí em nascimento
> e morte por [um] longo [tempo],

Um iogue devotado à purificação do campo
búdico pelo bem-estar dos seres,
E que não produz o menor pensamento de fadiga,
É dotado com a perfeição do vigor (alegre empenho),
e destemido.[25]

Os ensinamentos da prajnaparamita enfatizam acima de tudo nossas visões profundamente arraigadas e falhas.

Pensamos sobre fadiga não como uma visão, mas como um fato físico. Mas é uma visão. Não há uma condição real chamada fadiga. O corpo vai, claro, ter muitas sensações e experiências, dependendo de suas condições internas e externas. Mas a fadiga é uma noção que adicionamos aos fatos físicos. E essa noção tem seus efeitos sobre nós.

Você pode estudar esse fenômeno em retiros mais longos. Talvez você se sinta exausto no primeiro ou segundo dia de retiro. Você pensa: "Puxa, estou cansado hoje. Quão pior vou me sentir no terceiro, quarto ou quinto dia?". Mas, então, o terceiro ou quarto dia chega e a fadiga se foi completamente, mesmo que a meditação (e o acordar cedo pela manhã) tenha continuado inalterada. O que aconteceu? Ou talvez você experimente um momento de severa fadiga seguido, por nenhuma razão, de uma explosão de energia. Experimente esse fenômeno o suficiente e você percebe que pode ter todos os tipos de noções sobre fadiga, sobre o que seu corpo pode ou não fazer, mas essas noções não são necessariamente corretas.

É claro, o corpo às vezes não pode fazer algo. Se você não dormir por um longo tempo, seu corpo ficará cansado. Se não comer, se for bastante idoso, se estiver doente ou machucado, se você se exercitar por longas horas, o corpo irá se comportar de acordo. Esse é o prazer do corpo, a sabedoria do corpo, expressar-se dessa forma. Nós prestamos atenção e ajustamos o corpo. Nós tiramos um cochilo. Ficamos um dia ou uma semana na cama. Desistimos de escalar uma montanha ou de esquiar morro abaixo. Mas essas coisas fazem parte da prática do alegre empenho. Cuidar do corpo como ele é, exercitando-o apropriadamente como se pode, é a prática do alegre empenho.

A primeira linha desse verso – *"O bodisatva que deseja vagar por aí em nascimento e morte por [um] longo [tempo]"* – se refere ao compromisso que os bodisatvas fazem de não deixar o sofrido mundo de nascimento e morte até que cada criatura nele tenha encontrado paz e felicidade. Budas parecem entrar no nirvana, para deixar finalmente este mundo, e para o bem. Mas os bodisatvas fazem o voto de não o fazer até que todos estejam salvos. É por isso que eles precisam praticar o alegre empenho!

Práticas
Práticas de meditação

» Sente-se por dez minutos, uma ou duas vezes ao dia, e pratique a respiração profunda e lenta. Tente se curar e acalmar a cada respiração.

» Estabeleça uma prática de meditação diária pela manhã, primeira coisa, mesmo antes do café da manhã. Tente se sentar por meia hora. Quando estiver sentado, note a qualidade do esforço que você está fazendo, especialmente com seu corpo. Enfatize sentar-se ereto, levantando o esterno e o topo da cabeça. Veja como melhora sua energia.

Práticas da vida diária

» Preste atenção à sua dieta: coma vegetais pelo menos duas vezes ao dia. Note como não comer pode ser um prazer. Numa fila de um restaurante de comida por quilo, ou mesmo quando abrir sua geladeira, perceba uma comida que você gosta e decida não pegar nenhuma, porque não é boa para você ou você já comeu o bastante. Estude como você se sente tendo dito não para essa comida. Veja se você pode encontrar algum prazer nisso, algum bem estar em não fazer algo que pode prejudicá-lo, mesmo que levemente.

» Coma conscientemente, prestando atenção a cada mordida. Se exercite por pelo menos uma hora a cada dia, cinco dias por semana. Faça isso por uma semana e veja como se sente. Se você se sentir bem, faça-o por mais uma semana.

» Estabeleça uma vigilância para todos os estados de mente negativos – simples lentidão, depressão, desencorajamento, falta de motivação. Quando tais estados de mente surgirem, perceba-os e pratique parar, respirar e dizer a si mesmo: "Sou um ser humano precioso, como todo mundo. Recebi essa vida por alguma razão."

» Descanse quando se sentir cansado. Tire um breve cochilo, se possível. Se não, sente-se em silêncio por um momento ou faça uma lenta e tranquila respiração.

» Preste atenção enquanto adormece: tente estar consciente enquanto mergulha no sono, para capturar o momento.

6. A Perfeição da Meditação

Com a perfeição da meditação, entramos num novo reino. As quatro perfeições anteriores são baseadas em virtudes relativamente comuns, não há nada de esotérico ou de especial sobre elas. As práticas de generosidade, conduta ética, paciência e alegre empenho existem, mais ou menos, em qualquer cultura, em qualquer tradição, com o propósito de cultivar o caráter, religioso ou não, e não requerem habilidades ou conhecimentos extraordinários. Mas a quinta e sexta perfeições, meditação e compreensão, são diferentes. Elas envolvem uma perspectiva mais mística ou espiritual e requerem esforços que vão além dos que faríamos normalmente no cotidiano. A meditação é uma habilidade técnica específica. Ela requer instrução, disciplina e desenvolvimento. Talvez por isso, de todas as práticas budistas, a meditação foi a que mais recebeu atenção no Ocidente. Enquanto a meditação é a prática de base, que permite a todas as outras serem possíveis e eficazes, ela parece, ao mesmo tempo, exótica e incomum. Tendemos a ver a meditação, mais do que qualquer outro ensinamento, como um presente especial do Oriente.

Isso não é exatamente assim. A palavra *meditação* é uma palavra do francês antigo e do latim, e significa "pensar sobre, pensar profundamente, refletir". Nesse sentido, a meditação não é nova para nós. Temos uma longa tradição de meditação como uma forma de pensar. Claro que estamos pensando o tempo todo, mas quase sempre de uma maneira dispersa e inconsciente. Meditar é pensar com calma, profundidade, foco e uma intenção séria. O pensamento filosófico é meditativo. Ele

requer que nos afastemos do pensamento comum, criador de estratégias e planos conduzidos pela emoção, em direção a uma consideração profunda sobre o que mais profundamente prezamos e compreendemos. Meditação também é uma palavra religiosa. Ela inclui várias práticas que cristãos monásticos e outros praticantes de religiões ocidentais desenvolveram ao longo dos séculos. Nós chamamos, mais comumente, essas práticas de contemplativas: o pensar calmo e direcionado, inspirado pela fé e um sentido de êxtase ou entrega. Leitura de escrituras, oração e cânticos sagrados são, assim, formas de meditação.

Tais práticas meditativas também estão incluídas no âmbito da meditação budista. Mas a prática de meditação indiana (budista e pré-budista) inclui uma técnica adicional que nossa cultura parece não possuir, a prática específica que nos vem à mente quando, nos dias de hoje, usamos a palavra *meditação*.

Estou falando da prática psicofísica de concentração na qual o meditador se senta ereto em postura ióguica numa almofada de meditação ou cadeira, com foco na respiração, silenciosa e consciente. Essa prática simples e poderosa é o maior presente da cultura indiana para o mundo. Tão radicalmente simples! Entretanto, até onde sabemos, ninguém no ocidente jamais pensou em fazer algo assim.

Tripé

Existem diversas palavras para meditação no budismo clássico. *Bhavana*, traduzida com frequência como "meditação", significa "cultivo", uma palavra agrícola que encontramos no capítulo 4. O cultivo exige disciplina, esforço constante e determinado ao longo do tempo. *Samadhi* significa "concentração, foco, direção única, não distração". A palavra descreve mais um estado mental do que uma técnica ou prática, o resultado da meditação disciplinada, mais do que seu exercício. *Dhyana* é a palavra usada para a quinta perfeição. Ela se refere à prática de repousar e focar a mente.

Descrições clássicas comparam o caminho budista a um tripé cujas três pernas se correlacionam com as três grandes práticas: conduta ética, meditação e compreensão. Como num tripé, cujas pernas têm que estar num equilíbrio perfeito, essas três práticas se amparam harmoniosamente e possibilitam o caminho da prática.

Poderíamos dizer que a conduta ética é a mais importante das três, porque a prática espiritual é viver autenticamente e com beleza. Para sustentar a conduta ética, temos que praticar a meditação para estabilizar nossas mentes e corações volúveis. Quando a mente é estável, e a conduta é pura, a compreensão profunda emerge: compreensão que é mais do que desejar e pensar, que impregna identidade e sentimento. Com essa completude, nosso comportamento será naturalmente sincero.

Ou podemos olhar para isso dessa forma: compreensão é o propósito da prática espiritual. Para obtê-la, temos que começar com a conduta ética para que possamos reduzir nossos problemas e dramas. Meditação é necessária para o tipo de compreensão profunda que almejamos, uma compreensão que vai além do véu da realidade ordinária.

Ou poderíamos colocar a meditação no centro do caminho. O objetivo da prática espiritual é viver uma vida centrada e meditativa, para além da confusão do cotidiano. Quando a meditação é nossa prática diária e abordagem da vida, uma conduta pura e a compreensão vão naturalmente emergir.

Independente de como vemos – o que quer que pensemos que vem antes ou depois, que é mais ou menos importante –, fica claro que o tripé precisa das três pernas. Elas sempre vão juntas. É como se elas fossem uma e a mesma.

De acordo com descrições tradicionais, a função específica da meditação é estabilizar mente e coração. Essa estabilidade e profundidade são necessárias para que a conduta e a compreensão sejam firmes e sérias, para que elas nos toquem ao ponto de experimentarmos uma transformação. Sem a meditação, nossas melhores intenções vacilam. Nos encontramos com frequência desorientados pelos eventos e nossas reações a eles.

Experimentamos todo tipo de hesitação, o que corrói nossa boa conduta e compreensão calma. Como a meditação envolve um cultivo somático assim como psicológico, ela nos afeta num nível mais profundo do que o pensamento e o sentimento comuns. Ela nos toca até a respiração e o corpo, o assento de todo sentimento, pensamento e emoção.

Shamata – meditação da quietude ou concentração

Tradicionalmente, a meditação budista é dividida em duas práticas: *shamata*, ou meditação da quietude, e *vipassana*, ou meditação do insight. Em algumas introduções à meditação, shamata é desenvolvida antes, como uma base para vipassana. Em outras, as duas são desenvolvidas simultaneamente ou em paralelo. Às vezes, as duas são fundidas em uma só prática com dois aspectos.

No texto clássico de Buddhaghosa, o *Visuddimaggha (O Caminho da Purificação)*, do quinto século, shamata é entendida como concentração. Buddhaghosa começa colocando a seguinte questão: "O que é a concentração?" Ele responde que a concentração é de tantos tipos e tem tantos aspectos que seria impossível discutir todos. Ele argumenta mais adiante que tal discussão levaria à distração, o contrário da concentração. Ele conclui definindo provisoriamente concentração como "proveitosa unificação da mente", unificação no sentido de sem distração ou divisão, a mente ancorada numa estaca; "proveitosa" no sentido de proveitosa espiritualmente, tendendo ao conhecimento, liberação e compaixão. Sendo assim, a concentração é a unificação da mente a serviço do crescimento espiritual.[26]

A discussão minuciosa de Buddhaghosa sobre concentração inclui muitas centenas de páginas de práticas, muitas das quais não foram usadas por séculos, até onde sei. Mas sua lista também inclui práticas que são usadas ainda hoje, tais como a concentração no corpo, concentração na respiração e concentração nos quatro sentimentos ilimitados de bondade amorosa, alegria empática, compaixão e equanimidade.

A técnica básica de concentração consiste em focar a mente num objeto de concentração e pacientemente treiná-la, através da repetição, a permanecer com o objeto. Isso não é tão fácil fazer. A mente naturalmente se distrai, cansa e/ou se entedia. Não está acostumada a ficar parada, a menos que haja um desejo distinto de prazer ou satisfação. Quando você tenta se concentrar na meditação, fica impressionado com o pouco controle que tem sobre a mente. Traz humildade perceber que você pode dizer para a sua mente se aquietar, falar com toda a seriedade "fique quieta", mas ela não vai se aquietar. Você não pode controlá-la. Isso faz questionar quem está a cargo de quem. Entretanto, se persistir, você pode finalmente desenvolver alguma habilidade de se focar, e, talvez, vez por outra, chegue a ter momentos de uma forte concentração unifocal, o que traz serenidade e calma. Desenvolver a concentração leva muito mais tempo do que você poderia imaginar. E também demanda fé, diligência, determinação e apoio.

Escrituras tradicionais definem cinco obstáculos à meditação, que qualquer pessoa tentando meditar logo vai encontrar: *apego* (a obsessão da mente por pensamentos, memórias, sensações ou imagens que não os objetos da meditação); *aversão* (reclamação obsessiva e vontade de fugir); *agitação e preocupação* (a mente e/ou o corpo pulando por toda parte e buscando coisas com o que se preocupar – fazendo de tudo para não ficar com o objeto de concentração); *preguiça* (ficar sonolento ou desmotivado e, portanto, incapaz de voltar ao objeto por falta de interesse); e *dúvida* (questionar o propósito de fazer todo esse trabalho frustrante e chato ou duvidar da própria capacidade de fazê-lo).

Quando um ou mais desses cinco obstáculos e seus vários estados mentais e emocionais correspondentes estão presentes, a concentração não está. A prática da concentração envolve identificá-los e, pacientemente, trabalhar para que eles reduzam e por fim desapareçam (apesar de que vão reaparecer). Obviamente, esses cinco obstáculos podem aparecer a qualquer momento, não apenas na meditação. Por isso, a habilidade de

se manter focado e de não permitir que eles tirem o melhor de você tem implicações para a vida, que vão além do desenvolvimento da concentração na meditação. Quando você é capaz de ir além desses obstáculos na meditação, mesmo que temporariamente, estados de concentração naturalmente aparecem, trazendo prazer físico e emocional, alegria e equanimidade, nos fazendo sentir maravilhosos. Embora a meditação da quietude possa ser uma batalha, suas recompensas são inesperadamente maravilhosas. Meditadores com mais experiência e que têm alguma capacidade de concentração desfrutam da prática e preferem meditar a passar o tempo em busca de prazeres mais ordinários.

A respiração é, provavelmente, o objeto de concentração mais comum e eficaz. Há muitas maneiras de fazer práticas de respiração. Minha favorita é a de prestar atenção na respiração na parte inferior da barriga, observando o ar à medida que sobe e desce e sentindo a sensação da respiração irradiando por todo o corpo. Respirar com consciência é um prazer. É calmante, saudável e tem bons efeitos sobre o humor, a perspectiva de vida e a capacidade de pensar claramente, mesmo em situações difíceis. Se você consegue manter o foco na respiração durante a meditação pode, por fim, experimentar um sentido profundo do ritmo da vida, dentro e fora, dentro e fora, indo e vindo, uma e outra vez, calmamente. Pode parecer que você está respirando com tudo e todos no planeta, que a respiração te respira para dentro da existência e cuida de tudo continuamente, não deixando nada com o que se preocupar.

Essa prática de foco pode ser feita ainda usando um sentimento, uma palavra ou uma frase como objeto, em vez da respiração. Muitos praticantes, de hoje e de antigamente, meditaram na bondade amorosa ou em outros sentimentos sociais para produzir os mesmos tipos de estados meditativos de concentração. Nesse caso, a técnica consiste em fazer a mente voltar, uma e outra vez, para frases como "que todos os seres sejam felizes" e para o sentimento que as acompanha. Uma possibilidade é localizar a frase na barriga e repeti-la com a

respiração. Com essa prática, a sensação de concentração se preenche de sincera boa vontade em relação aos outros.

Práticas como essa deixam claro que a meditação de concentração é mais do que um exercício técnico para produzir foco mental. Um ladrão de banco ou assassino habilidoso pode desenvolver uma forte capacidade de foco mental com técnicas de concentração. A concentração meditativa é, como Buddaghosa diz, humana, nos conecta aos outros, nos liberando do autocentrismo e da distração, que tornam nossas vidas pequenas e sem imaginação. O paradoxo da prática da meditação de quietude é que, enquanto ela restringe a mente a um foco, esse ponto é expansivo, como uma janela para uma paisagem mais vasta adiante.

Outras técnicas

Ao longo de muitas gerações, praticantes criativos desenvolveram diversas técnicas para a meditação da quietude. Algumas abordagens se focam nos obstáculos à concentração e na aplicação de antídotos específicos para eles. Algumas sugerem o foco em objetos específicos que não a respiração ou frases, tais como as sensações físicas. As práticas de respiração são muito variadas: contar a respiração na barriga, observá-la no ventre, no peito ou na ponta do nariz, segui-la ao longo do corpo. Alguns meditadores praticam com uma variedade de listas ou frases repetidas. Alguns praticam repetindo uma só palavra, ou parte de uma palavra na inspiração e outra na expiração, ou em ambas. Por exemplo, *Bu* quando inspirando e *da* quando expirando. Alguns praticam prestando atenção à postura, de forma geral ou em algum detalhe. Alguns praticam focando especificamente na postura das mãos. Existe a prática de escutar o som ou o silêncio. E há a técnica da não técnica: apenas sentar e estar presente com o que acontece, com o que alguns chamam de consciência da não escolha. Existe uma infinidade de práticas de visualização e outros tipos de práticas.

Normalmente, se você está participando de um retiro, ouvindo uma aula online, ou lendo um livro sobre meditação, faz sentido usar qualquer que seja a técnica oferecida, para ver como funciona. Por fim, se continuar com a prática da meditação, descobrirá as técnicas que funcionam melhor para você e vai naturalmente retornar a elas. Por outro lado, é bom variar as técnicas, porque isso renova sua prática, e cada forma de praticar trará uma sensação sutilmente diferente. Entretanto, pular de uma técnica para outra vai reforçar o hábito da mente de ficar agitada e insatisfeita, então é melhor ter uma prática de base, que é feita a maior parte do tempo.

Vipassana – meditação do *insight*

As possibilidades que derivam da meditação da quietude são extraordinárias. Mencionei os estados incrivelmente prazerosos que você pode experimentar quando a calma da mente é profunda. Descrições tradicionais dos estados de concentração mencionam oito estágios diferentes. Os últimos quatro dos oito são austeros e místicos. São chamados, respectivamente, *espaço infinito, consciência infinita, vacuidade* e *nem percepção, nem não percepção*. É difícil imaginar como são esses estados, mas seus nomes nos dão pistas. Algumas pessoas serão atraídas por eles. (A propósito, além desses estados, manuais de meditação tradicionais também listam poderes paranormais como clarividência e lembrança de vidas passadas como possibilidades para adeptos.) Mas, mesmo que esses estados profundos possam ser intrigantes, eles não são o que a maioria dos praticantes almeja.

O que eles buscam é vipassana, ou *insight*, para o qual uma certa quantidade de concentração é necessária. Na meditação clássica budista, o *insight* significa a compreensão libertadora da natureza do sofrimento. A ideia é que, para acabar com o sofrimento, temos que ver suas causas e sua natureza para podermos desfazê-las completamente. Em alguns sistemas de meditação, a mente concentrada é treinada nos ensinamentos

sistematicamente, para que as visões passadas neles possam ser completamente e profundamente internalizadas. Em outros sistemas, o *insight* vem com uma abordagem menos discursiva e mais vivencial. Em ambos casos, a concentração sempre vem junto com o insight e serve como base.

A prática da meditação é somática. Seu lugar é o corpo, a respiração, a barriga, os nervos e os tendões. Esse aspecto da meditação se torna crucial quando tratamos da prática do *insight*. Para explicar o porquê, farei um desvio utilizando o pensamento tradicional budista.

Quando pediram para Buda explicar em detalhes a origem do sofrimento humano e cósmico, ele elaborou uma ferramenta pedagógica, uma lista comumente chamada de doze *nidanas*, a corrente de doze elos da originação. Para simplificar, vou reduzir os doze em três grupos de quatro.

Eu chamo o primeiro grupo de *a tragédia da consciência*. Evidentemente, consciência é a causa última do sofrimento humano. Se não fôssemos conscientes do sofrimento, não haveria sofrimento. A consciência é inerentemente trágica, porque sua operação envolve uma separação básica: para estar consciente de algo, preciso estar separado desse algo. Para ouvir um pássaro, tenho que estar a uma distância dele. Para ver o céu, tenho que ser algo diferente do céu. Então, a consciência é alienação e ela traz consigo o exílio, o desejo e o medo. A consciência precisa, inerentemente, de cura. De uma forma ou de outra, todas as religiões reconhecem isso. Qualquer que seja a mitologia ou o ensinamento, todas as religiões estão de acordo que há um problema fundamental humano que precisa de redenção.

O segundo grupo de fatores eu chamo de *entrada no mundo parcial*. Com essa consciência alienada, nós entramos no mundo. O mundo não é nós mesmos, nós não somos ele.

Eu chamo o terceiro grupo de fatores de *reagindo a um mundo parcial*. Nesse mundo parcial, somos agentes com escolhas a fazer, ações a tomar. Cada escolha que fazemos implica em outras escolhas que não decidimos fazer. Cada escolha feita leva a consequências mistas. Por esse motivo, problemas,

decepção e conflito vão inevitavelmente existir, mesmo que as coisas estejam da melhor forma possível.

O quarto grupo de fatores eu chamo de *viver e morrer*. Se a consciência nunca se produzisse, e se nós e o mundo não fôssemos parciais e, portanto, se não fôssemos obrigados a fazer escolhas, a agir e a reagir, não haveria vida e morte. Se a realidade fosse uma completude, uma plenitude, ela simplesmente fluiria, sempre se transformando, sempre pacífica. Mas ela não é. Graças à consciência, nascemos. E porque nascemos, morremos.

Como seres humanos tentando curar nossa dor, o ponto central desse drama cósmico é *vedana*, "sentimento-sensação". É a primeira coisa que acontece quando reagimos ao mundo parcial. A consciência é dada, não posso mudá-la. O mundo parcial aparece, não posso pará-lo. Mas está dentro das minhas capacidades compreender e mudar minhas reações viscerais a esse mundo, meu primeiro sentimento-sensação, alojado profundamente no meu corpo, na base da consciência. É onde posso quebrar a corrente que me prende ao sofrimento. É onde posso ser feliz. E é onde preciso do *insight*.

Esse *insight* não se consegue facilmente. O sentimento-sensação é pouco consciente, pouco disponível como uma experiência. Para acessá-lo, preciso fazer mais do que pensar e observar de maneira comum. Pensamos no *insight* como uma experiência cognitiva, completamente integrado com a prática da concentração, em toda a sua profundidade somática. É mais do que um pensamento ou compreensão. Permeia corpo, mente e coração, transforma emoções, sensações físicas e pensamentos. É a fundação de uma nova identidade. Por isso, a meditação sempre foi um elemento essencial no projeto budista de dar um fim ao sofrimento humano.

Insight sobre o que?

No budismo clássico, o conteúdo desse *insight* são as três características da existência: impermanência, ausência do eu e insatis-

fação (frequentemente traduzido como sofrimento – *dukkha* é a palavra em pali). As três se relacionam tão intimamente, que são quase a mesma coisa: onde quer que você veja uma, vê as outras.

Impermanência é um fato de conhecimento comum: as coisas existem por um tempo, mudam e, finalmente, desaparecem. O longo discurso budista sobre a impermanência inclui, mas vai além desse pensamento simples. Se as coisas mudam, como sabemos que elas o fazem, quanto tempo elas existem num estado particular até que mudem? Um ano? Uma semana? Um dia, uma hora, um minuto, um segundo? Não. Logicamente, certamente, não pode haver um intervalo de tempo durante o qual algo permanece o mesmo antes de mudar. Apesar de não parecer que você mudou desde ontem, você mudou. Mesmo que imperceptivelmente, você mudou em todos os momentos ontem e está mudando em todos os momentos hoje. A mudança está acontecendo constantemente, não em saltos súbitos, mas ao longo do tempo, como tempo. Então, o tempo é mudança. Um momento substitui o próximo, o desaparecimento de um momento e o surgimento do seu sucessor acontece suavemente, sem interrupções. A única maneira possível disso acontecer é se esse momento e o próximo *surgirem e desaparecerem ao mesmo tempo*. Nossa percepção comum afirma que isso é impossível, mas budistas pensam há milênios que nossas percepções comuns são incorretas. Porque vivemos tendo como base noções profundamente incorretas, sofremos. Essa é a primeira questão sobre a qual precisamos ter um *insight*.

Se as coisas surgem e desaparecem ao mesmo tempo, o que é o "eu"? Não podemos ser as criaturas permanentes que pensamos ser, identidades coerentes com características pessoais e atitudes que continuam apesar de todas as mudanças das nossas vidas. À luz da impermanência radical, o ser como o conhecemos se torna impossível. Apesar da ilusão da continuidade certamente existir, deve haver algo mais (ou menos) que não estamos vendo. Precisamos do *insight* sobre isso também.

Finalmente, sofrimento ou insatisfação – as coisas serem fundamentalmente "vazias" – é a experiência que sempre temos (mesmo quando pensamos que não temos) quando con-

fundimos o falso mundo das nossas noções com o mundo que realmente existe. Tentar manter as coisas sólidas e seguras num mundo em eterna mutação é uma proposta frustrante. Não há nada em que possamos nos apegar. Nossos corpos, nossas almas já sabem. Mesmo assim, insistimos em acreditar na solidez das coisas. Precisamos do *insight* sobre isso também.

Mas será que todo esse sóbrio *insight* não é um pouco angustiante? Impermanência, ausência do eu e insatisfação não parecem ser a base para uma vida feliz. No caminho do bodisatva, o *insight* das três características da existência é mais alegre: cada um aparece como seu oposto. Enquanto na forma comum de ver as coisas, opostos são opostos, na imaginação do bodisatva, opostos são identidades.

É preciso um bodisatva para compreender que se as coisas surgem e desaparecem ao mesmo tempo, elas não existem verdadeiramente. Se elas não existem de verdade, não podem cessar de existir. Logo, impermanência é permanência. E bodisatvas sabem que se não somos os eus permanentes que pensamos ser, devemos ser algum outro tipo de eu que gloriosamente vem e vai no fluxo maravilhoso da impermanência, eus verdadeiros. Bodisatvas sabem que quando nos livramos das nossas falsas vidas, conseguimos vidas verdadeiras. Não mais apegados exclusivamente aos nossos patéticos vulneráveis não-eus, nos tornamos ninguém e todos. E uma vez que os bodisatvas veem, aceitam e integram completamente a natureza insatisfatória das nossas vidas parciais nesse mundo de parcialidade, eles veem que a dor e os problemas da consciência alienada são exatamente a dor e os problemas que precisamos para viver essa vida de sofrimento e cura junto com todos, nesse mundo difícil e maravilhoso. Desse modo, insatisfação se torna alegria.

Shantideva sobre a meditação

Curiosamente, o capítulo de Shantideva sobre meditação não menciona nada do que eu disse até agora. O longo capítulo é

constituído por dois extensos e trabalhosos argumentos. Inicialmente, ele tenta nos persuadir de que o mundo e tudo o que nele nos distrai e nos ocupa não vale a pena. A única coisa que vale a pena, de verdade, é meditar. E meditação requer solidão e ausentar-se do mundo. Ao fazer esse raciocínio, ele destrói, sem misericórdia, tudo o que nos é precioso: da comida aos amigos, do sexo à vida social. Como Salomão em Eclesiastes, Shantideva afirma que tudo isso é vaidade.

Tendo, supostamente, nos convencido a abandonar nossas vidas comuns e ir pro meio do mato nos dedicar à meditação solitária, Shantideva abre seu segundo raciocínio, que é uma prática meditativa por si mesma, a mais importante de todas as práticas meditativas. Mencionei essa prática brevemente no capítulo sobre a perfeição da generosidade e sugeri uma forma resumida como uma das meditações no final daquele capítulo: a prática de trocar a si mesmo pelo outro.

O argumento ultrajante de Shantideva propõe demolir a ideia perfeitamente natural de que faz sentido nos favorecer em detrimento dos outros. Ele começa dizendo que essa noção aparentemente razoável é, na verdade, ridícula. Como todos, eu sofro. Então, do meu ponto de vista, há duas pilhas de sofrimento: a minha própria e a do agregado de todos os outros. Uma pilha é claramente bem pequena, a outra, bastante grande. Entretanto, eu pareço prestar tanta atenção ou, provavelmente, muito mais atenção a minha própria pequena pilha de sofrimento do que à pilha gigantesca de sofrimento dos bilhões de outros seres humanos (para não mencionar as criaturas não humanas) sobre a terra. Por que eu faria isso, especialmente quando percebo que focar no meu próprio sofrimento me faz infeliz, enquanto que ao focar no sofrimento dos outros, sinto empatia, compaixão e amor? Igualmente, como eu, outras pessoas sentem alegria de tempos em tempos. Não faz sentido algum eu me limitar à minha própria alegria, que é tão pequena, quando eu poderia tão facilmente me identificar com os outros, que coletivamente experimentam muito mais alegria em apenas um dia do que eu poderia experimentar numa vida inteira. Por que eu insisto em limitar minha alegria dessa forma?

A Perfeição da Meditação

É ilógico, estúpido e altamente desvantajoso me identificar apenas comigo mesmo. Exatamente como eu, todos querem ser felizes e não querem sofrer. Por que não me identificar com esse impulso humano compartilhado em vez de me colocar tolamente à parte, como se eu fosse de alguma forma diferente ou mais importante do que os outros? Isolar-me dessa maneira, definitivamente, me traz sofrimento, enquanto me identificar com os outros me traz felicidade. Exatamente como o corpo é uma unidade viva, não uma coleção desconexa de dedos, mãos, olhos e órgãos internos, da mesma forma, toda a existência é um corpo. Devia me identificar com o corpo todo e não me separar dele, como um braço decepado que jaz inutilmente à beira da estrada. Devia trocar definitivamente minha preocupação comigo mesmo pela preocupação com os outros.

Esses dois argumentos são mais ou menos tudo o que Shantideva tem a nos dizer sobre meditação nos 186 versos do seu capítulo.

Aprendemos muitas coisas com a visão talvez estranha de Shantideva sobre a meditação. Inicialmente, aprendemos que a meditação é uma prática essencialmente solitária, distante do mundo e do apego ao mundo e, por isso, demanda grande determinação e forte motivação. "Mundo" aqui significa o mundo da separação e da parcialidade. A meditação é o oposto disso, o retorno para a completude, uma fuga da dor do mundo parcial. Obviamente, quando sentamos em meditação, não sentimos isso necessariamente. Como o mundo parcial existe nas nossas mentes e corações, está sempre lá quando meditamos. Além disso, normalmente meditamos em grupo, não sozinhos numa floresta nos Himalaias. Entretanto, acredito que o argumento de Shantideva continua válido. Ele está nos dizendo que a essência da meditação é a validação de, o ato essencial de sermos alguém em busca da própria verdade.

A segunda lição que encontro no capítulo de Shantideva é paradoxalmente o oposto disso. O que ganhamos com esse distanciamento do mundo na nossa solidão é a identificação plena e a aceitação desse mesmo mundo que deixamos para trás.

O propósito da nossa meditação não é a fuga ou a autocura, mas o abandono de si na identificação com os outros. Em outras palavras, a meditação é um retorno ao nosso verdadeiro eu, que sabe que não somos diferentes de tudo que não somos: nós somos os outros. Esse insight cura o mundo.

Terceiro, já que o capítulo de Shantideva não menciona posturas de ioga, respiração ou focar a mente num único ponto, podemos concluir que, ou Shantideva nunca meditou e não sabia como fazê-lo ou, mais provavelmente, que ele considerava a técnica da meditação da quietude menos importante do que o *insight*, que é o objetivo e a substância dela. Da mesma forma, talvez possamos imaginar que Shantideva – como milhões de outros meditadores na Índia, Tibete, China, Japão, Coreia e no Ocidente – não praticava a meditação sentado ereto e respirando, mas pela leitura atenta, cuidadosa, comprometida e repetitiva dos textos sagrados, até que os pensamentos e palavras desses textos estivessem gravados na memória.

Isso remete ao começo da nossa conversa, ao significado da palavra meditação. Como eu havia falado, toda leitura, recitação, discussão, interpretação de textos, oração e cântico podem ser compreendidos como formas de meditação. A prática de escutar falas do Dharma é uma forma de meditação. Ao ouvir ensinamentos, não estamos tentando adquirir informações úteis, mas apenas escutando, permitindo que as palavras possam ir profundamente até o coração, até os poros do corpo. Nos dias atuais, os livros espirituais são vendidos com frequência nas prateleiras de autoajuda, possivelmente porque se espera que eles tragam informações úteis ao crescimento pessoal. Precisamos de informação. Mas ler ou ouvir ensinamentos como prática meditativa não é informação, é parte de um longo processo de reorganizar o corpo e a mente, mudando pontos de vista, suavizando o coração.

Atenção plena

Já nos referimos à prática da atenção plena no capítulo 4. Com atenção plena, expandimos ainda mais o sentido do que é medi-

tação. Atenção plena é estar consciente, com alguma clareza e calma, o tempo todo, não apenas quando fazemos práticas formais de meditação ou estamos lendo, ouvindo ou recitando ensinamentos. Da mesma forma que práticas de concentração não são a concentração em si, mas concentração com objetivo de desenvolvimento espiritual, e exatamente como a prática do *insight* não é o *insight* em si, mas o *insight* com um profundo sentido de cura, a atenção plena não é apenas estar consciente. Você pode estar consciente sem estar plenamente atento. Para os bodisatvas, atenção plena é o esforço de estarmos conscientes da nossa vida mais profunda, nossa conexão com os outros e com tudo o que é. Atenção plena não é autoconsciência, é o contrário de autoconsciência. É a abertura da nossa imaginação a cada momento.

As palavras traduzidas como "atenção plena" – *sati* em Pali, *smrti* em sânscrito – significam "lembrar-se ou recordar". Ter atenção plena significa lembrar-se do objeto de atenção quando o esquecemos, trazer a mente de volta, uma e outra vez, exatamente como fazemos quando desenvolvemos práticas de concentração. As técnicas são idênticas. A diferença é que na prática de concentração você permanece com um só objeto por um tempo mais longo. Isso requer uma situação simples, como ficar sentado numa almofada de meditação sem fazer mais nada. Na prática da atenção plena, os objetos mudam com as circunstâncias, então, na verdade, você volta sua atenção para o que aparece no momento presente e à presença em si mesma. Como veremos em breve, essa é a prática principal no Zen. Muitos ditados Zen falam sobre essa prática: comer quando come, dormir quando dorme, cortar lenha, carregar água, fazer o que tiver que ser feito com atenção total e compromisso. Concepções contemporâneas sobre a atenção plena dizem que a atenção plena é uma questão interior, que a pessoa deve estar atenta aos estados da mente, percepções, pensamentos, reações. No Zen, a prática é estar presente com o que aparecer, dentro e fora. Pensar o dentro (pensamentos, sentimentos, reações) como sendo eu, e o fora (outras pessoas, outros seres, objetos e atividades) como não sendo eu, reforça o problema que

o budismo espera nos ajudar a aliviar. Como o ensinamento de Shantideva deixa claro, o objetivo da meditação, incluindo a da atenção plena, é me ajudar a me ver além de mim mesmo.

Meditação zen

Dhyana, a palavra sânscrita que significa "meditação", é transcrita em chinês como *Ch'an*, em japonês como *Zen*, em coreano como *Son*, e em vietnamita como *Thien*. Porque recebi os principais ensinamentos da tradição Soto Zen japonesa, e visto que *Zen* é a palavra mais conhecida dessas palavras do extremo Oriente, vou usar essa palavra.

Zen é a escola de meditação e, sim, na prática Zen fazemos muita meditação formal sentada. Mas não é daí que o Zen tira seu nome. Zen chama-se Zen pela sua insistência em afirmar que meditação é mais do que a prática formal de meditação. No Zen, todas as práticas se fundem na meditação: não há nada além da meditação.

A fonte clássica dessa visão Zen sobre a meditação é encontrada no *Sutra da Plataforma do Sexto Ancestral*. Segundo a história (que é claramente apócrifa), o ancestral Hui-Neng trabalhava na despensa do templo, pesando arroz, e era analfabeto. Quando o abade convoca um concurso de poesia para descobrir quem tem a melhor compreensão dos ensinamentos e quem, portanto, irá herdar o manto da liderança, os monges, pressupondo que o monge principal iria certamente ganhar, nem se dão ao trabalho de escrever um poema. Na poesia do monge principal, lê-se:

> O corpo é uma árvore bodhi
> a mente é como um espelho parado
> sempre tente mantê-la limpa
> não a deixe acumular poeira.[27]

Esse verso confirma o ensinamento clássico Mahayana sobre a prática da meditação. Meditamos para fazer surgir con-

centração e *insight*, para que possamos fazer mente e corpo retornarem à natureza búdica original. O espelho imaculado da consciência se sujou, precisamos limpá-lo.

Alguém lê esse verso para Hui-Neng. E o verso lhe parece errado. Ele já possui uma visão clara. Ele tem pesado arroz, não meditado, e não vê nenhuma diferença entre o que tem feito e a virtuosa prática de meditação, na qual os monges se engajam dia e noite. Ele não acredita precisar de práticas trabalhosas de meditação para voltar a um estado imaculado anterior. Esse estado está presente o tempo todo. Então, ele compõe seu próprio verso e pede que um monge o escreva e o pregue na parede:

> Bodhi não tem nenhuma árvore,
> o espelho não tem um suporte,
> a natureza do Buda é sempre pura,
> onde você conseguiu essa poeira?[28]

Obviamente, o abade imediatamente reconhece Hui-Neng como seu verdadeiro sucessor e, dali em diante, a abordagem do Zen foi estabelecida. Tudo é meditação ou nada é meditação, a meditação está além da meditação. Não há necessidade de meditar. O *insight* é súbito, constante e penetra todas as coisas – e, logo, desnecessário.

Como chegamos a essa compreensão profundamente libertadora? Praticando a meditação para compreender quão inútil ela é. E continuando a praticar a meditação, não porque seja necessária ou mesmo útil, mas porque somos bodisatvas dedicados a compartilhar a prática com os outros. Além disso, essa meditação inútil agora se tornou nosso modo de vida. Ela nos conecta a praticantes no passado e no presente. Ela transcende vida e morte, pureza e impureza. Obviamente, essa vasta meditação que praticamos formalmente sentados não pode se limitar a sentar-se formalmente. Ela inclui pesar o arroz e todas as outras atividades. Tudo e todos devem fazê-la o tempo todo. A meditação Zen é paradoxal, quase absurda. É a prática imaginativa do bodisatva por excelência.

A técnica específica da meditação Zen é direta. Há dois estilos principais. Uma técnica é meditar sobre um koan, uma história Zen curta ou uma frase. Essa prática é parecida com a prática de focar numa frase, como descrevemos antes. A diferença é que, na prática do koan, concentração e *insight* são praticados juntos, então o foco na frase inclui um forte espírito inquisitivo: não apenas ficamos com ela, mas simultaneamente buscamos o insight por meio e além dela. Há nessa prática um equilíbrio sutil entre esforço e relaxamento, entre procurar algo que ainda não está presente e repousar sobre algo presente: um equilíbrio que pode ser frustrante de descobrir, mas de valor inestimável em diversos sentidos, uma vez que descoberto. Quando você faz essa prática de forma intensa o suficiente, cedo ou tarde haverá uma ruptura dramática ou não tão dramática. O *insight* surgirá subitamente.

Há muitos sistemas para a meditação do koan. Algumas linhagens de ensinamento usam um currículo organizado de koans, flexível ou fixo, que os praticantes trabalham ao longo de muitas décadas de prática. Outras usam koans de forma não sistemática, sendo escolhidos em função do interesse do aluno ou pelo professor. No sistema com currículo, é esperado que o praticante "demonstre" conhecimento de forma privada ao professor, que certifica que o aluno "passou" o koan e pode ir para o próximo. No nosso estilo Soto Zen, não há esse passar e não é necessário demonstrar conhecimento para o professor. Koans na tradição Soto Zen são geralmente usados da mesma forma que pequenos textos em tradições com escrituras: repetidos, memorizados, contemplados, tornados pessoais.

A segunda forma de meditação Zen, normalmente associada à Soto Zen, mas praticada em todas as escolas, é provavelmente a mais empregada por alunos Zen hoje em dia e ao longo da história: o simples e silencioso sentar. Tecnicamente, é indistinguível das meditações de quietude e *insight* como as descrevi, mas a intenção e a abordagem são diferentes. Em vez de ver a prática como meio (concentração) para um fim (*insight*), a meditação é compreendida à luz da ironia de Hui-Neng:

sentar simplesmente, sem objetivo ou propósito, na fé de que o trabalho a ser feito, qualquer que seja ele, já foi feito e só precisamos apreciá-lo.

A coisa mais notável sobre todas as formas de meditação Zen é a pouca instrução dada. Você poderia pensar que uma escola que recebe o nome de uma prática de meditação ofereceria instruções detalhadas. A literatura Zen é volumosa, incluindo inúmeros comentários e subcomentários sobre histórias e ensinamentos, mas ela diz quase nada sobre como meditar. Aqui está a instrução dada no famoso Mu koan, na coleção *O Portal sem Porta*: "Faça do seu corpo inteiro uma massa de dúvida, com seus sessenta ossos e juntas e com seus oitenta e quatro mil folículos capilares, concentre-se nessa única palavra 'Mu'. Dia e noite, continue a mergulhar nela... É como engolir uma bola de ferro fumegante. Você tenta vomitá-la, mas não consegue".[29] Essas palavras, que soam mais como uma exortação do que uma cuidadosa descrição de uma técnica de meditação, são tudo o que você irá ouvir sobre como meditar em um koan.

Para instruções sobre o simples sentar em silêncio, vamos nos voltar ao seu maior proponente, Dogen.

Dogen sobre a meditação Zen

Fukanzazengi, Instruções Universalmente Recomendadas para Zazen é o texto mais lido de Dogen sobre meditação Zen (ou *zazen*, literalmente "meditação sentada") . Suas linhas iniciais ecoam Hui-Neng: não há necessidade de praticarmos a meditação, já estamos bem. "Ainda assim", o texto continua (um "ainda assim" muito significativo), "se houver um desvio da espessura de um fio de cabelo, é como a distância entre o céu e a terra. Se o mais sutil gostar ou desgostar aparecer, a mente se perde em confusão."

Aqui está o cerne do problema e do paradoxo. Não há como vivermos nem um momento sem "o mínimo gostar ou desgostar". Então, sempre haverá um desvio da espessura de um fio

de cabelo, ou um desvio grande o suficiente para deixar passar um caminhão. Podemos já estar despertos, mas o fato de não o sabermos não é insignificante.

No próximo parágrafo do texto, Dogen explica porque meditar vale a pena, embora realmente não precisemos. "Considere o Buda. Embora ele fosse sábio no nascimento, os traços dos seus seis anos sentado na postura ereta ainda podem ser vistos. Quanto a Bodhidarma, embora tenha recebido o selo da mente, seus nove anos virados para a parede ainda são celebrados. Se até mesmo os antigos sábios eram assim, como podemos hoje dispensar a prática inteiramente?"[30]

Há algo importante nessa passagem que não é óbvio. É o segredo da abordagem de Dogen sobre a meditação. Ele está dizendo que, ao contrário do que pensamos ou do que o budismo parece dizer, o Buda não meditou para se tornar iluminado e acabar com seu sofrimento, ele meditou *porque já era iluminado*. De forma semelhante, Bodhidarma, o monge da Ásia Central, lendário fundador do Zen na China, meditou de frente para a parede por nove anos não para despertar, mas *porque já estava desperto*.

Talvez possamos compreender a posição de Dogen dessa maneira: o corpo já está desperto. O corpo sabe precisamente como viver a verdade da impermanência/ permanência. Ele sabe como mudar momento a momento, compreende perfeitamente como as coisas surgem e desaparecem simultaneamente e é plenamente capaz de morrer e de se misturar com os outros elementos para continuar eternamente sua jornada cósmica. Da mesma forma que Buda e Bodhidarma estavam despertos antes de praticarem, os nossos corpos já estão despertos, mesmo que nossas mentes e corações não. Nossos corpos já despertos nos conduzem à almofada de meditação e nos guiam através da suave passagem para a paz. Para Dogen, Buda e Bodhidarma eram figuras devocionais inspiradoras nas quais ele depositava uma fé calorosa, visto que eles praticavam a meditação sentada porque já estavam despertos, nós também devemos praticá-la porque também já estamos despertos. Nós deveríamos prati-

car com eles, por eles e por todos os sagrados seres vivos que compartilham a mesma natureza de budas já despertos. Para Dogen, meditação formal não é um esforço instrumental, mas uma prática devocional.

Existe algo ainda mais escondido nessa passagem: um ensinamento profundo sobre o tempo. Pense nisso: a ideia de que Buda (ou eu e você) não é desperto e mais tarde irá despertar implica numa visão específica do tempo: o tempo é linear. O tempo é uma estrada sobre a qual andamos. O passado está atrás de nós e damos passos aqui no presente em direção a um futuro que está adiante. Estávamos sofrendo, estamos sofrendo, mas no futuro não sofreremos mais.

Fica claro pelo que ele está dizendo aqui, da mesma forma que em outros escritos, que Dogen nega essa noção convencional de tempo. Ele está perfeitamente consciente de que os sutras pali dizem que o Buda sofreu, lutou e despertou numa janela de tempo linear. Ao dizer que o Buda estava desperto desde o nascimento – antes de ter praticado de qualquer forma –, Dogen não busca contradizer as escrituras, mas, antes, revelar seu verdadeiro significado. Ele acredita que elas contêm um ensinamento implícito mais profundo sobre o tempo que os sutras e comentários mahayana subsequentes trazem à tona. O momento do sofrimento e o momento do despertar não se vinculam de modo linear. O tempo sagrado não opera segundo as mesmas regras do tempo ordinário. No tempo sagrado, todos os momentos acontecem de uma só vez. O momento no qual nos sentamos em meditação com nossos corações sofredores é o mesmo momento em que Buda sofre, desperta e ensina. Tudo acontece de uma vez. Esse ensinamento ecoa uma visão misteriosa da física contemporânea: tempo e espaço não são recipientes eternos nos quais os eventos ocorrem. Tempo e espaço são eles mesmos os eventos, simultâneos e totalmente abrangentes. Estamos literalmente meditando com o Buda: o sofrimento dele e o nosso, e o despertar, junto com o de todos os seres, acontece a cada respiração nossa.

Esse não é exatamente o tipo de instrução de meditação que estávamos procurando. No *Fukanzazengi*, Dogen continua

e dá algumas instruções práticas. Ele nos diz para sentarmos num cômodo silencioso, não amarrarmos a faixa do quimono muito apertada e não comermos demais antes de sentar. Ele nos diz para sentarmos eretos, respirarmos pelo nariz e balançarmos suavemente o corpo lateralmente até encontrarmos uma postura vertical equilibrada. No fim, ele dá algumas instruções internas mais sofisticadas. "Dê um passo para trás e vire a luz para dentro. Seu corpo-mente desaparecerá e sua face original aparecerá. Se você deseja obter exatamente isso, imediatamente pratique exatamente isso."[31]

Essa é uma instrução técnica de meditação que vem do Yogacara, ou da escola mahayana da Mente Apenas. Esses ensinamentos se especializaram em uma análise detalhada da consciência, projetada para, entre outras coisas, identificar o momento em que a consciência separa o sujeito do objeto, criando, como discutimos, um mundo parcial de separação e sofrimento. A breve instrução de Dogen nos pede para retornar a esse ponto, para que possamos parar o hábito normal da mente de buscar um objeto e, em vez disso, recuar para a própria mente silenciosa, para a consciência em si, que não pode ser um objeto. Dogen está nos dando o objeto final da meditação, nenhum objeto. Tecnicamente, essa é uma meditação não dual: além da dualidade sujeito e objeto. Apenas presença, "apenas isso". E só pode ser feita "imediatamente", em tempo nenhum, no tempo eterno.

Por definição, essa prática é impossível. Não há literalmente nada nela. No entanto, podemos fazê-la. Ou melhor, ela pode ocorrer de alguma forma, embora não possamos fazê-la. Quando a mente se aquieta – para de buscar concentração, discernimento ou qualquer outra coisa que não seja estar no tempo, e está simplesmente disposta a sentar-se em meio à impossível inefabilidade de estar vivo –, essa meditação está acontecendo. Corpo e mente caem. Não sendo mais nossos, não nos preocupamos com eles. Como o sol nascendo na manhã, nosso rosto original, nossa face de Buda desponta. Nós a tocamos intimamente com nosso corpo, respiração e consciência.

A meditação Zen como prática da imaginação

Para os bodisatvas, a prática da meditação é a maneira mais direta de cultivar a imaginação, de abrir um grande espaço no meio de suas vidas, um espaço sempre presente, mas normalmente ignorado, no qual tudo pode acontecer.

Se você aborda a meditação como uma prática saudável para acalmar a mente e cultivar a paz, ou como uma forma de ganhar discernimento, você se preocupará exatamente com o que deve fazer. Você desejará fazê-la corretamente. Provavelmente, você vai começar com a ideia de que a meditação requer a desaceleração da mente, reduzindo ou eliminando os pensamentos. Talvez, se você seguir bons ensinamentos budistas, você vai pensar que existe uma progressão certificada na meditação, dependendo do sistema que está seguindo. Tudo isso está bem. Certamente não podemos ignorar os ensinamentos cuidadosos de dezenas de milhares de sábios ao longo dos séculos. Bodisatvas certamente prestarão atenção a todos esses métodos e instruções. No entanto, bodisatvas que praticam a perfeição da meditação terão um sentido de liberdade e naturalidade na sua prática. Eles vão deslocar o fim da meditação para outros reinos. Para os bodisatvas, a perfeição da meditação é menos sobre limitar e dar uma forma à mente e mais sobre libertá-la num espaço de imaginação.

Tome, por exemplo, a questão do pensamento. A maior parte das instruções de meditação diz para abrir mão dos pensamentos. A maior parte dos meditadores acha que, se estão pensando na meditação, há algum erro, que a meditação é o oposto de pensar. Mas não é assim. Há uma grande diferença entre o pensar, como normalmente fazemos, e o tipo de pensamento que os bodisatvas têm: pensamento criativo, aberto, totalmente inclusivo. Talvez a diferença seja análoga à distinção que Coleridge faz (como comentei no capítulo de abertura) entre imaginação e fantasia. A imaginação nos abre e nos torna livres; a fantasia reforça nossa pequenez, nosso desejo.

Podemos aplicar isso ao nosso próprio pensamento. Se observarmos o pensamento, veremos que ele normalmente surge

da preocupação com si próprio. A preocupação consigo mesmo é a energia por trás da maior parte dos pensamentos. "Isso é bom ou ruim para mim? Como posso criar uma estratégia para conseguir o que quero dessa ou de outra maneira? Como posso resolver esse problema, satisfazer essa curiosidade?" Arrependimento, culpa, ressentimento, intrigas, vergonha, autodegradação ou apenas interesses autogerados estão se agitando em nossas mentes, todos baseados na nossa noção do eu. Afinal de contas, quem, se não nós, está criando esses pensamentos?

Mas nem todos os pensamentos funcionam assim. O pensamento criativo, que nos eleva, inspira, libera, parece vir de algum lugar além de nós. O pensamento em si não é um problema. Alguns podem ser um problema, e outros podem ser belos.

No *Fukanzazengi*, Dogen dá um belo ensinamento sobre isso. "Pense sem pensar", ele escreve. "Como você pensa sem pensar? Além do pensar. Essa é a arte do Zen."[32]

Isso parece, inicialmente, como uma fala paradoxal no estilo koan, com o objetivo de apenas confundir. Não é. É a expressão de Dogen da meditação irrestrita do bodisatva, meditação de imaginação-expansão. Na meditação, diz Dogen, não tente eliminar os pensamentos ou qualquer outra coisa. "Pense sem pensar." O "pensar" é o tipo normal de pensamento, impulsionado pela nossa pequenez. "Não pensar" é o oposto: não é parar de pensar, mas permitir pensamentos que não estão limitados pela nossa pequenez, que são abertos e livres.

Então, na meditação, devemos praticar o pensamento, mas não o pensamento comum. Como podemos fazer isso? Não perseguindo o pensamento. Quer dizer que, quando um pensamento surge, qualquer que seja ele – mesmo um de raiva, ressentimento ou violência – nós o deixamos vir. Não importa quão aflitivo ele seja, ele não vem da nossa pequenez, mas do passado infinito da nossa consciência. Ele vem da vasta simultaneidade espaço-tempo da qual Dogen falava anteriormente no seu texto. Cada pensamento, cada percepção, cada emoção é preciosa e imensa, não importa qual seja.

A Perfeição da Meditação

Mas há um "ainda assim". Ainda assim, quando nos apropriamos dessa maravilhosa emoção ou pensamento emergente, quando nos agarramos a isso, fazemos disso algo nosso, e a dor começa. Para praticar o "pensar sem pensar", temos que aprender a deixar todo e qualquer pensamento acontecer e celebrá-lo simplesmente deixando-o em paz. Não nos agarrando a ele, não nos identificando com ele, não o fazendo rodopiar. Deixando ele vir, apreciando-o, deixando-o partir, como tudo vai partir se deixado só. Quando aprendermos a praticar dessa maneira (o que é mais fácil de se fazer na almofada), daremos rédeas soltas a nossa imaginação. Esse *"pensar sem pensar, além do pensar"* é exatamente o que queremos dizer por pensamento imaginativo: as coisas vêm e vão, de forma inesperada. Nós recebemos o que precisamos.

Com esse espírito, os bodisatvas praticam a meditação como o campo supremo da imaginação. Eles praticam qualquer e todas as técnicas que temos discutido, dependendo da necessidade espontânea do momento, ou aleatoriamente – o acaso sendo um grande amigo da imaginação, como John Cage, Jackson Mac Low e muitos outros artistas nos ensinaram. Além disso, eles criam suas próprias práticas meditativas instantaneamente. Uma das minhas referências para criar belas práticas de meditação é a professora Zen Kathie Fischer (que, por acaso, também é minha esposa). Entre as minhas favoritas: visualize tudo o que aparecer na meditação como um floco de neve. Observe a neve cair e deixe-a cair suavemente, até que você e tudo ao seu redor esteja coberto de um branco suave. Ou: caia. À medida que você senta, sinta seu corpo caindo por terra, derretendo e se afundando na terra. Permita que todos os seus pensamentos e sentimentos caiam dessa maneira também, elegante e amavelmente atraídos ao centro da Terra pela gravidade.

Seguem algumas boas práticas que inventei. Em expirações sucessivas, silenciosamente, diga essas palavras: *devagar... profundo... suave... quieto...* Observe o que mais estiver acontecendo, mas fique o máximo possível com essas palavras e os sentimentos que as acompanham.

Ou uma prática de quatro passos:

1. Conte suas expirações, de um a cinco, por algum tempo.
2. Siga a expiração na sua barriga por um tempo, sem contar.
3. Observe a respiração como um todo entrando – começo, meio e fim – e saindo. Começo, meio e fim. Faça isso por um tempo.
4. Sente-se com a respiração como um koan: o que é esse momento de respiração?

Ou: apenas sente sentindo a respiração, o corpo e a consciência. Isso é, no final das contas, a sensação concreta fundamental de estarmos vivos: respiração, corpo, consciência. Tudo o mais depende disso. Então, apenas sente com isso, esteja presente com isso, retorne a isso independentemente do que acontecer.

E você pode imaginar muitas outras práticas.

A perfeição da meditação

Ecoando o que eu disse até agora, no final de cada capítulo, esse capítulo não é sobre meditação (como os outros não são sobre generosidade, conduta ética e assim por diante). É sobre a *perfeição da meditação*. Perfeição é uma invenção da nossa imaginação. Até mesmo o fato de termos a palavra, de sermos capazes de conceber a ideia da perfeição, mostra quão ampla e maravilhosa é nossa imaginação. A perfeição da meditação não é praticar a meditação perfeitamente, mas sim ver a meditação como algo eminentemente imaginativo, que para praticarmos verdadeiramente temos que rastejar até o final da meditação e cair num espaço de queda livre. Da mesma forma que Dogen ensina que o verdadeiro pensar é o não pensar, a perfeição da meditação é a não meditação: meditação vazia de meditação como qualquer prática distinta. Um dos meus diálogos Zen favoritos fala sobre isso. Um monge pergunta a Zhaozhou: "O que é meditação?". Zhaozhou diz: "Não medi-

tação". "Como pode a meditação ser não meditação?", o monge pergunta. As palavras finais de Zhaozhou: "Está viva!"

Versos sobre a perfeição da meditação
Tokme Zongpo sobre a perfeição da meditação:

> Compreendendo que reações emocionais
> são desmanteladas
> Pelo insight sustentado pela quietude,
> Cultive a estabilidade meditativa que
> passa diretamente pelos
> Quatro estados sem forma – essa
> é a prática de um bodisatva.[33]

Nesse verso, Tokme Zongpo nos traz de volta ao básico: mesmo depois de toda essa fala sublime sobre meditação, ainda vivemos no bizarro e difícil mundo humano, no qual nossas reações se tornam nossa forma mais específica de sofrimento. As coisas podem ficar ruins, muito ruins, mas se temos estabilidade mental e emocional, e se conseguimos enxergar por meio de nossas reações emocionais, podemos suportar muito melhor circunstâncias perturbadoras e podemos até mesmo ser uma fonte de força e apoio para os outros.

É por isso que precisamos praticar a meditação do insight e da quietude: para acalmar nossa mente, nos tornar mais sábios, mais resilientes e mais aptos a lidar com os socos emocionais. "Os quatro estados sem forma" se referem aos quatro últimos estágios da meditação que mencionei acima: espaço infinito, consciência infinita, vacuidade e nem percepção nem não percepção. Qualquer um que medite bem o suficiente para experimentar tais estados (ou quaisquer outros estados prazerosos de paz) provavelmente ficará preso à meditação, apegado à ela, quase viciado. Os prazeres da meditação são sutis e muito saborosos. Uma vez que você meditou por um certo tempo, vê que a vida nos retiros de meditação – em ambientes naturais maravilhosos e silenciosos, com comida integral simples – é muito melhor do que a vida nas ruas, escritórios e bares. Você pode se encontrar desejando retiros, mais e mais

deles. Esse é especialmente o caso se você se familiarizar com os ensinamentos budistas e achar que os retiros não são apenas agradáveis em si mesmos, mas também levarão certamente à completa libertação e despertar. Mas não, Tokme Zongpo nos diz o inverso. Ignore tudo isso. Não se apegue. Apenas pratique meditação o suficiente para viver com um pouco de compreensão e compaixão. Essa é a perfeição da meditação que bodisatvas devem praticar.

O *Sutra da Prajnaparamita em Oito Mil Versos* diz algo parecido:

> Aqueles de grande poder que vivem nos quatro êxtases
> Não o transformam num lugar para se instalar,
> nem em uma casa.
> Mas esses quatro êxtases, com suas ramificações,
> por sua vez se tornarão
> A base para atingir a iluminação suprema e insuperável.[34]

O nome dos monges budistas (e no nosso mundo, o nome de qualquer um de nós que se comprometa com a prática do bodisatva) é *abandonador de lar*. Deixar o lar significa que qualquer lugar é o lar. Cada pensamento, cada estado mental, cada percepção e cada pessoa é completamente valorizada, porque cada momento vivo é totalmente abrangente. É assim que os bodisatvas veem a vida. Bodisatvas não se apegam a nada, porque sabem que não há nada que possa ser retido – até mesmo, como acabamos de ler, estados meditativos. Para que sejamos pessoas de "grande poder" – bodisatvas heroicos, salvadores imaginários do mundo –, praticaremos a meditação devotadamente, sabendo quão importante ela é, com a fé de que não importa quão boa ou ruim seja nossa prática, ela nos conduzirá inevitavelmente à iluminação suprema e insuperável, que nos permitirá viver vidas de perfeito amor. Bodisatvas não se preocupam com o desenvolvimento da sua prática, porque eles praticam a perfeição da meditação, que envolve a fé perfeita expressa nesse verso (fé perfeita que ultrapassa o final da fé), a fé que reconhece a não linearidade do tempo, na qual aquilo que é esperado no futuro já está aqui no presente.

Práticas
Práticas de meditação

» Pratique respirar todos os dias por uma semana, a primeira coisa pela manhã, por vinte ou trinta minutos. Sente-se ereto numa cadeira ou almofada. Inspire e expire, prestando atenção na parte inferior da barriga. Quando a mente vagar para outras coisas, traga-a gentilmente de volta.

» Preste atenção aos cinco obstáculos nas suas práticas de meditação (página 171). Quando estiverem presentes, apenas os observe. Gentilmente os rotule, continuando a respirar. Não os tente fazer ir embora.

» Ouça meditações guiadas ou falas do Dharma enquanto medita. Não tente se lembrar ou pensar enquanto escuta, apenas deixe as palavras atravessarem você.

» Pratique a meditação da bondade amorosa, você pode ler sobre ela em vários livros. Talvez você já a tenha praticado. Uma maneira simples: imagine-se sentado de frente para você. Em expirações seguidas, diga: "Que eu possa ser feliz, que eu possa estar bem, que meu coração se abra". (Ou apenas uma dessas frases será suficiente, ou use uma ou mais frases próprias.) Agora, pense em alguém que você ama e pratique da mesma maneira. Em seguida, alguém conhecido, mas não um amigo. Em seguida, todo mundo, todas as pessoas e outros seres. "Que eles possam ser felizes, que eles possam estar bem." Em seguida, alguém que você não gosta ou que te feriu. À medida que repete a frase ou as frases, tente levá-las ao coração. Mas, se você não conseguir, tudo bem. Apenas continue com a prática.

» Pratique mandar e receber meditação como descrito na página 131.

- » Pratique uma ou mais das meditações imaginativas mencionadas nas páginas 190-193.
- » Tente uma versão da prática de koan: selecione uma história ou uma frase Zen. Você pode pegar uma desse capítulo, tal como "pensar sem pensar", "está viva", ou "onde está a poeira?". Ou pegue uma de outro lugar. Repita a frase em cada expiração. Tente ficar com ela a cada respiração. À medida que repetir, sinta um espírito questionador. O que isso significa? Como mexe com minha vida? Alternativamente, sente-se com uma questão como: "quem é esse?" ou "o que é isso?"
- » Sente-se com foco na postura. Preste atenção especialmente aos ombros, mãos, espinha, topo da cabeça, posição do queixo. Mantenha esses pontos em mente o máximo possível e volte a eles quando sua mente vagar para outras coisas.
- » Pratique "pensar não pensando", permitindo emergir o pensamento que quiser emergir. Maravilhe-se com eles (incrível que você seja capaz de algo como um pensamento!) e deixe-o partir, abrindo espaço para os próximos que virão.
- » Pratique a meditação andando. Ao ar livre ou em interiores, faça um percurso de 30 ou 40 passos, ida e volta. Preste atenção aos seus passos e à sua respiração. Observe o ambiente à sua frente, mas não encare, olhe gentilmente. Sinta seu corpo em movimento. Observe qualquer outra coisa que esteja acontecendo. Não é necessário dar passos exagerados, mas ande mais devagar do que normalmente andaria. Entrelace as mãos em frente ou atrás do seu corpo. Quando chegar ao final do percurso, pare, respire profundamente, gire no sentido do relógio, respire novamente, e recomece.

Práticas da vida diária

» Institua uma prática de estudo diária de um livro espiritual (não necessariamente budista) por quinze minutos por dia. Não leia para informar-se. Apenas deixe as palavras entrarem. Pare e releia se você se deparar com algo que te chame a atenção como particularmente significativo.

» Memorize algumas frases de um ensinamento e o repita várias vezes ao longo do dia.

» Volte, leia e releia, como prática de estudo, as partes desse capítulo sobre a meditação Zen e a meditação de Dogen (páginas 183-193).

7. A Perfeição da Compreensão

Chegamos à última parada de nossa jornada em direção à perfeição imaginária do bodisatva: a sexta perfeição, *prajnaparamita*, a perfeição da compreensão. Já nos referimos à perfeição da compreensão ao longo do livro, porque é a prática básica do budismo mahayana e a pedra angular do caminho do bodisatva. Sem a perfeição da compreensão, nada na vida do bodisatva se sustenta. Já ouvimos falar do impulso básico da compreensão perfeita: ele intui o vazio de todos os fenômenos e, portanto, reconhece a primazia da imaginação em tornar o mundo como o encontramos e como poderia ser. Agora, estamos prontos para explorá-lo mais profundamente.

Como disse no capítulo anterior, as duas últimas perfeições são diferentes das outras: mais intensas, mais esotéricas e exigindo um tipo especial de cultivo. Você pode ser paciente e generoso a qualquer momento e o tempo todo, mas se quiser meditar, deve ter a disciplina necessária para dedicar algum tempo a isso. Meditação e compreensão andam juntas. A compreensão surge quando a meditação é desenvolvida em todos os sentidos que discutimos: sentar com atenção focada, estudo, contemplação dos ensinamentos e profunda reflexão intuitiva. No capítulo anterior, escrevi sobre o insight das três características. No budismo clássico, essa visão libertadora é o que se entende por compreensão. A visão budista mahayana da perfeição da compreensão inclui esse *insight* libertador, mas vai muito além. Do ponto de vista mahayana, ver a natureza vazia dos fenômenos é algo ao mesmo tempo mais e menos do que um *insight* da impermanência, do não-eu e da insatisfação.

Aqui é onde o problema começa. A perfeição da compreensão é escorregadia, difícil de definir, difícil de medir. De fato, sua natureza essencial (se tiver uma!) é exatamente que ela não pode ser mensurada ou definida. E certamente não é o caso de alguém "desenvolvê-la" com a meditação – ou de qualquer outra maneira. De fato, a ideia de que alguém teria "compreensão", adquirida por qualquer meio, já está longe de ser verdadeira. Ninguém pode ter compreensão. A compreensão surge, mas ninguém pode tê-la ou fazê-la surgir. Ela é extremamente elusiva. Portanto, esse capítulo será um desafio. Vamos explorar verdadeiramente a atividade imaginativa do bodisatva enquanto tentamos abordar o inacessível, visualizando o invisível.

Palavras

Entender como a linguagem funciona para criar o mundo em que vivemos é central para os ensinamentos sobre a perfeição da compreensão. Como poeta e escritor, sempre me interessei pelo assunto. A linguagem é frustrante. De certa forma, não é nada. Pintores têm tintas e telas, escultores têm tudo o que decidirem usar, músicos têm instrumentos e sons – todos imediatos e tangíveis. Escritores e oradores não têm nada além de palavras, cujo poder intangível não vem do que são, mas do que não são. Ou seja, o poder das palavras não reside nas letras e sons, mas no que esses sinais arbitrários e abstratos se referem e apontam. Sim, o som, o ritmo e a presença física das palavras no ouvido, ou na página ou na tela do computador são importantes, mas o que é realmente importante é o significado delas, que vai além delas para outra coisa. Se eu escrevesse aqui uma série de palavras sem referência, palavras que não apontassem para algo que não fossem as letras pretas na página em branco, estaria escrevendo sem sentido. Os gráficos seriam símbolos vinculados sem significado. Eles não seriam o que chamamos de palavras. Você não iria lê-los, não o poderia.

Para uma palavra ser uma palavra, ela deve se referir a algo que não é uma palavra. No entanto, as referências das palavras são escorregadias e indeterminadas. Posso escrever mesa, e você provavelmente saberá o que quero dizer. Mas o mundo inclui muitos milhões de mesas e categorias de mesas, e posso estar me referindo a qualquer uma delas. Se eu escrever amor, esperança, verdade ou mesmo isto ou aquilo, fica ainda pior. Entendemos um ao outro mais ou menos, mas quanto mais olhamos o que estamos comunicando e o que estamos entendendo com nossas palavras, mais confuso fica.

Não quero – e não sou capaz de – me embrenhar no mato com essa discussão sobre palavras (nem você gostaria que eu o fizesse), mas muitos o fizeram: o filósofo do século XX Ludwig Wittgenstein, que foi notável entre eles. A filosofia da linguagem é uma das pedras angulares do pensamento contemporâneo. O ensino das escrituras *prajnaparamita* também é amplamente sobre linguagem – linguagem em si e linguagem em um sentido mais amplo. Assim como as palavras não têm referências definidas porque são simbólicas, não concretas, também as coisas neste mundo não são concretas como parecem ser. Tudo é simbólico, metafórico, referencial. As coisas parecem ser independentes, autônomas e realmente existentes, mas não são. São "meras designações", dizem os sutras. Na obra *Pintura de um Bolo de Arroz*, Dogen considera o ditado asiático: "Você não pode comer uma pintura de um bolo de arroz". A ideia é que você não pode comer uma descrição da comida, você só pode comer comida de verdade. Isso significa que, por extensão, você não pode transformar sua vida lendo as escrituras, precisa ter uma experiência religiosa real. Mas Dogen vira o ensinamento de cabeça para baixo: a única coisa que você *pode* comer é a pintura de um bolo de arroz! Porque não há nada que *não seja* a pintura de um bolo de arroz, uma mera designação.

Isso parece ultrajante, eu sei. No entanto, é a isso que chega a perfeição da compreensão e é por isso que é tão difícil alcançar quando você tenta explicá-la na linguagem.

A perfeição da compreensão é a mais importante de todas as perfeições. Como venho dizendo o tempo todo, as outras cinco perfeições dependem dela. Ela permeia todas elas e é o que as transforma de práticas comuns em "perfeições". Como expliquei no capítulo sobre generosidade, a generosidade comum não é a perfeição da generosidade a menos que seja permeada pela perfeição da compreensão. O mesmo vale para as outras quatro perfeições: todas elas são perfumadas, impregnadas pela perfeição da compreensão.

A tradição coloca isso de outra maneira: existe apenas uma perfeição, a perfeição da compreensão. Mas como a perfeição da compreensão é tão ilusória (é literalmente, como veremos em breve, incorreto até dizer que ela existe), ela não possui características próprias. Portanto, as perfeições de generosidade, conduta ética, paciência, alegre empenho e meditação não existem realmente, exceto como manifestações da perfeição da compreensão, que não existe de outra maneira.

Sim, isso fica um pouco inebriante, mas também, espero, divertido (mais sobre isso mais tarde).

Compreensão, sabedoria e amor

Dada a longa história budista mahayana de se concentrar no problema da linguagem e a conexão intrínseca desse problema à perfeição da compreensão, pensei muito em como quero apresentar a sexta perfeição, *prajnaparamita*. As palavras podem ser escorregadias e inexatas, mas isto é um livro, e as palavras são tudo o que ele tem para se comunicar, então quero escolhê-las com o maior cuidado possível. A palavra sânscrita *prajna* é geralmente traduzida como "sabedoria", mas decidi interpretá-la como compreensão. Deixe-me dizer checar.

Sabedoria é uma palavra antiquada. Quase não a usamos nos dias de hoje. Pensamos nas pessoas como rápidas, sagazes, inteligentes, criativas, inovadoras, bem informadas, talvez como tendo bom senso, mas raramente as chamamos de sábias.

É quase como se o mundo em que a sabedoria ocorre – um mundo de verdades sólidas e virtudes eternas – tenha desaparecido. O mundo de hoje parece muito rápido e instável para a sabedoria. A palavra sabedoria sugere integridade, caráter, o discernimento que advém da longa experiência. Uma pessoa sábia é sóbria e cuidadosa, quase pesada – e geralmente mais velha. Sinônimos para sabedoria incluem sanidade, cautela e prudência. Nada disso se encaixa perfeitamente no retrato do bodisatva imaginativo que estou pintando.

Compreensão, no entanto, é uma palavra interessante de dois lados. Abarca muito do que a palavra sabedoria inclui. Se você compreende, vê as coisas claramente e de todos os lados, o que lhe dará discernimento. Mas a palavra compreensão esconde nela algo mais. Etimologicamente, *understand,* em inglês, é "permanecer com". "*Under*" não significa abaixo. Vem de uma raiz protoindo-europeia que significa "entre, ou no meio de", não "abaixo".* Portanto, compreender significa estar perto de, estar com. Entendemos que uma pessoa compreensiva é compassiva, atenciosa e empática (palavras que o dicionário lista como sinônimos) –, exatamente o espírito de *prajna* no caminho do bodisatva. A perfeição da compreensão inclui os dois lados do significado da palavra em inglês *understanding* entender profundamente como as coisas são – saber e ver quão ilusória e cintilante é essa vida e, ao mesmo tempo, com e por meio dessa visão, compreender a vida, cuidar dela, permanecer nela com empatia, amor e compaixão.

Anos atrás, quando estava na universidade estudando sutras budistas sobre a perfeição da compreensão, meu professor observou que ele não conseguia entender como os ensinamentos sobre a perfeição da compreensão, que parecem tão abstratos e filosóficos, poderiam levar à compaixão e ao amor. Ele sabia que, no budismo mahayana, a compreensão e o amor sempre

---

* NT: Em português dá-se o mesmo. A palavra compreender também significa: abarcar em si mesmo; carregar em sua essência; incluir ou abranger-se. (Fonte: Dicionário On-line de Português)

andam juntos, mas ele não conseguia realmente ver como. Mas para mim, todas essas décadas depois, a fusão de compreensão e amor, ambos contidos na palavra inglesa *understanding*, faz perfeito sentido.

É claro que amor e compreensão andam juntos! Para realmente compreender alguma coisa, não apenas como um objeto de escrutínio, mas de uma maneira mais profunda e íntima, você precisa ter um sentimento caloroso sobre isso. O inverso também é verdadeiro: para amar algo no sentido mais verdadeiro, é preciso compreendê-lo. Você pode se sentir atraído pelo que não entende. Você pode desejar uma pessoa, qualidade ou objeto que não entende, mas deseja possuir. Mas o que entendemos por amor requer compreensão, uma apreciação verdadeira e profunda do objeto de afeto, um conhecimento dele por seu próprio lado. Praticar a perfeição da compreensão é entender essa vida verdadeira e profundamente. Conhecendo a vida como ela é, nós a amamos. Compreendendo os seres, naturalmente nós os amamos com um amor que não é egoísta, intrusivo ou enjoativo.

A literatura budista sobre a perfeição da compreensão é extensa. Além dos muitos sutras primários, existem inúmeros tratados e comentários filosóficos. Felizmente para nós, um dos maiores estudiosos budistas de todos os tempos, o Dr. Edward Conze, traduziu para o inglês e comentou os mais importantes dos muitos sutras sobre a perfeição da compreensão, entre eles o *Prajnaparamita Sutra em Cem Mil Linhas*, o *Prajnaparamita Sutra em Oito Mil Linhas* (que citei no final de cada capítulo deste livro), o *Sutra do Diamante* e o *Sutra do Coração*. Seguindo sua liderança inicial, muitos outros forneceram muitas outras versões, de modo que temos agora, em inglês, uma representação muito boa dessa literatura. O *Sutra do Coração*, de uma página, cantado várias vezes ao dia nos mosteiros Zen do mundo todo, propõe resumir o "coração" dos ensinamentos sobre a perfeição da compreensão.

O orador do *Sutra do Coração* não é Buda nem Manjushri, o imaginativo bodisatva da compreensão perfeita. É Avalokiteshvara, o bodisatva que representa compaixão e amor. O sutra

nunca menciona compaixão e amor: seu assunto é a vacuidade, o ensino central – a obsessão, pode-se dizer – dos sutras da perfeição da compreensão. O vazio parece o oposto de compaixão e amor, e o *Sutra do Coração* não é amoroso de jeito nenhum; é quase friamente, insistentemente, analítico. Não é de admirar que meu professor se sentisse assim. No entanto, o fato de o sutra ser falado por Avalokiteshvara sinaliza que os ensinamentos da vacuidade são sobre amor, por mais que pareçam não ser. Nossa perplexidade com relação a esse ponto mostra apenas o quão pouco entendemos o que é o amor – e o que é a vacuidade.

Avalokiteshvara (sua forma chinesa é Kwan Yin, o bodisatva feminino do amor e da compaixão) ouve os lamentos do mundo e vê o sofrimento do mundo. Essa é a sua prática: ouvir e ver. Na tradição chinesa, ela mora em uma ilha, cercada pelo mar, contemplando seu infinito fluxo refluxo e ouvindo nele o fluxo e refluxo da vida e da morte, sofrimento e paz – absorvendo tudo isso com um coração de bondade. Ela tem infinitos olhos para ver tudo e infinitas mãos para ajudar.

Aqui está uma história Zen sobre compaixão (me referi a ela brevemente no primeiro capítulo). Yunyan pergunta a Daowu: "Por que o bodisatva da compaixão tem tantas mãos e olhos?". Daowu responde: "É como pegar o travesseiro no escuro". Yunyan diz: "Ah, eu entendo!" Daowu pergunta: "O que você entende?" Yunyan responde: "Todo o corpo está coberto de mãos e olhos". Daowu diz: "Isso é 80%". Yunyan: "Bem, o que você diz, irmão mais velho?" Daowu: "Todo o corpo não passa de mãos e olhos".[35]

Esses dois irmãos Zen estão falando sobre a onipresença da compaixão e do amor, e sua função natural em toda parte. Não precisamos produzir um sentimento ou atividade especial chamados amor e compaixão, que às vezes existe e às vezes não. Precisamos apenas entender e apreciar perfeitamente o mundo como ele é – vazio de separação e atrito e, portanto, sem nenhuma dor real. Então tudo o que vemos e ouvimos será adorável e cuidaremos de tudo. Nossa ação compassiva será tão simples e natural quanto buscar o travesseiro no escuro.

A Perfeição da Compreensão

Hoje em dia, parece haver uma poderosa falta de compreensão no mundo. Desde 11 de setembro de 2001, a ideia de "terrorismo" e "terroristas" tem sido uma característica difundida no discurso público e, com isso, houve um triste aumento do temer o "outro", aquele que parece diferente ou estranho. Sempre houve violência no mundo. Sempre houve mal-entendidos entre pessoas e grupos de pessoas. Provavelmente sempre haverá. Mas nessas últimas décadas, o mal-entendido e o medo parecem mais fortes e mais tóxicos. Depois do 11 de setembro, tentei o meu melhor para espalhar a mensagem de que eventos drasticamente violentos exigem três respostas: primeiro, luto – dedicar um tempo para enfrentar e endereçar a dor que essas perdas sempre causam. Segundo, prevenção – descobrir quem realizou os atos horrendos e como, para que possam ser evitados no futuro. E terceiro, compreensão – investigar e compreender profundamente como as pessoas fazem coisas tão brutais. Pois toda brutalidade humana é apenas isso – é humana. A longo prazo, compreender a brutalidade é a única maneira de evitá-la. E a compreensão requer uma profunda apreciação da humanidade, bem como das condições espirituais, econômicas e sociais específicas que fazem com que determinadas pessoas e grupos de pessoas perpetrem essas ações.

Fiquei gravemente decepcionado em 2001, quando apenas os dois primeiros desses três pontos-chave foram praticados. Como não fizemos quase nenhum esforço para compreender, aumentamos a violência, sem fim à vista. A perfeição da compreensão é uma prática crucial se quisermos ter um mundo humano.

Vacuidade

O *Sutra do Coração*, como toda a literatura da perfeição da compreensão, ensina a vacuidade de todos os fenômenos. A compreensão no budismo mahayana, no caminho do bodisatva, significa, especificamente, a compreensão da natureza va-

zia de todos os fenômenos. É essa compreensão específica que abre o caminho do amor e da compaixão.

Palavras de novo. A palavra geralmente traduzida como "vacuidade" é *shunyata*, em sânscrito. Ela vem de uma palavra raiz que sugere inchaço, algo inchado e vazio, sem nada dentro, como um balão. (Sim, eu sei que há ar dentro de um balão, mas não há "coisa" – mais sobre isso em um momento.) A vacuidade implica uma espécie de engano. Seres, todas as coisas, pensamentos, ideias, sentimentos – tudo isso é enganoso. Eles parecem ser algo grande e cheio, como um balão, mas quando você os pica, eles estouram, como o Mágico de Oz. Como o mago, eles estão vazios, completamente sem a substancialidade que parecem ter.

Tudo é assim, incluindo e especialmente o eu de alguém e dos outros.

Quando o balão do ser estoura, é uma experiência perturbadora. A vacuidade de todos os fenômenos é um fato perturbador da vida. O Sutra do Coração invoca uma série de coisas que são "estouradas", vazias, inexistentes. A lista inclui olhos, ouvidos, nariz, língua, corpo e mente. Inclui ainda os objetos que normalmente associamos aos nossos sentidos e corpo: cor, som, cheiro e até conceitos mentais. Sendo uma condensação radical de sutras muito longos, a versão curta do *Sutra do Coração* simplesmente diz "não" a cada uma dessas supostas "coisas": não há olhos, não há ouvidos, não há nariz, não há língua, não há corpo, não há mente, não há cor, não há som – e assim por diante. A maioria das pessoas fica confusa e um pouco desanimada ao ouvir o sutra cantado. Não é de se admirar.

No capítulo anterior, escrevi sobre o discurso do budismo mahayana sobre a impermanência – como deve ser o caso das coisas surgirem e desaparecerem no mesmo momento, que não pode haver nenhuma duração de tempo em que algo permaneça. É daí que vêm os ensinamentos sobre a vacuidade. Eles são outra maneira importante de conceber a impermanência e o tempo. (As ideias radicais de Dogen sobre o tempo, conforme discutido no capítulo anterior se baseiam nisso.)

A Perfeição da Compreensão

Ao longo dos séculos, os budistas colocaram assim: as coisas realmente não existem. Dizer que elas existem é um exagero. Se algo aparece e nesse mesmo momento desaparece, como podemos dizer que existe? Existência é uma ilusão. Mas dizer que as coisas não existem também não está certo. Como poderia ser, quando durante toda a nossa vida vemos, ouvimos, provamos, cheiramos, tocamos e sentimos o mundo? Ser é um paradoxo. O caminho do meio, disseram os budistas mahayana, não é, como originalmente concebido, um caminho de moderação entre ascetismo e sensualidade. É o meio termo entre os dois extremos da existência e da inexistência.

É assim que as coisas realmente são, nem existem nem não existem: vazias, inacessíveis, inefáveis. Como foi concluído em outro dos sutras da perfeição da compreensão, o *Sutra do Diamante*, ser é como um sonho, um fantasma, um relâmpago, um show de mágica, uma bolha, uma gota de orvalho.

Devemos ir mais adiante nisso. Um balão está vazio de coisas, mas cheio de ar. Um copo vazio está vazio de líquido, mas também cheio de ar. Se o ser está vazio, do que ele está vazio? E do que está cheio?

A resposta técnica para a primeira pergunta é que os seres estão vazios do *svabhava*, do ser próprio*, um conceito com uma longa história no pensamento budista. Ser vazio do ser próprio é carecer de um ser substancial independente – como uma alma ou uma consciência essencial – que pode ser isolado e compreendido. No capítulo anterior, mencionei a experiência básica de sentimento-sensação, à qual me referi como o ponto central do sofrimento existencial. Nossa noção equivocada de *svabhava*, ou ser próprio, é o que vincula sentimento e sensação em um nó doloroso. Sem saber que estamos fazendo isso, visceralmente atribuímos uma sensação profunda e quase física às coisas, que elas estão presentes de uma maneira que realmente não estão. Se realmente apreciássemos que as coisas

---

* [NT: O conceito de self também pode se aproximar da definição de svabhava].

não existem da maneira que pensamos, que existem de uma maneira completamente diferente, não reagiríamos a elas da maneira que normalmente fazemos. Nossa dor se desenredaria de seu falso apoio. Não mais ansiaríamos por algo que nunca poderemos ter. As coisas estão vazias do ser próprio que desejamos nelas.

E sobre a segunda questão? Como o balão vazio e o copo vazio, se os seres são vazios de ser próprio, de que eles são cheios? Eles são cheios de conexão; eles são cheios um do outro; eles são tão radicalmente interdependentes que não podem existir por si mesmos como entidades existentes separadas. De fato, não há coisas: há apenas o infinito fluir e refluir de ser, o oceano compassivo de Avalokiteshvara. Nagarjuna, o grande filósofo budista do século 2 d.C., esclareceu esse ponto em seus sistemáticos comentários dos ensinamentos sobre vacuidade. As coisas são vazias de ser próprio mas cheias de sua conexão com tudo mais que não seja elas mesmas, ele escreveu. O grande professor budista vietnamita contemporâneo e ativista social Thich Nhat Hanh cunha uma palavra maravilhosa para expressar isso: as coisas *inter-são*. Não há ser, ele aponta em seus muitos livros. Há apenas "interser".

Olhe algo de perto e você não o encontrará. Se você procurar por uma pessoa, por exemplo, não poderá encontrá-la. Você encontra pensamentos e sentimentos, ações, histórias, um corpo, mas nenhuma pessoa essencial separável de tudo isso. Me procure agora e você não verá um núcleo ou essência, um ser próprio. Você verá roupas, que são a personificação física temporária dos materiais e atividades que as produziram. Você verá minha casa, que é um confinamento impermanente dos esforços daqueles que a construíram e a mantêm, incluindo carpinteiros, árvores, serrarias, fábricas que produzem ferramentas e ferragens e inúmeros outros fatores. Você encontrará meus amigos e parentes, minha vida de experiências, percepções e pensamentos, meus pais e seus pais; o mundo em que todos nós vivemos... E, assim por diante, até a terra, o sol e o cosmos: todas as condições que coexistem como eu, toda a vida que flui para dentro e para fora da exis-

tência-inexistência vazia que produziu a aparência momentânea que você e eu pensamos como eu.

O eu, mesmo como um objeto físico, é a mesma coisa. Procure meu corpo e você não o encontrará – você encontrará apenas braços e pernas, cabeça, tronco, órgãos. Procure essas partes e você também não pode encontrá-las – apenas tecidos, células, moléculas. E, se você continuar olhando mais, por fim, não encontrará nada: espaço vazio, que nem mesmo pode ser chamado de espaço vazio com certeza, porque sua essência não pode ser identificada. É indeterminado. Pesquise como quiser, você não encontrará nada que possa isolar e chamar de meu corpo ou mesmo parte dele.

Em suma, você terá que concluir que a pessoa que chama de eu é uma ideia, um pensamento, um conceito imputado. Portanto, o eu não existe da maneira ingênua e não examinada que pensávamos que existia. Eu existo de uma maneira radicalmente diferente. Sou vazio de mim mesmo, mas cheio de tudo o que me fez parecer ser eu mesmo nesse momento fugaz e inatingível de tempo não linear. Não existe eu, apenas tudo, menos eu, que produz a ilusão do eu. Eu é uma designação, um pronome que aplicamos a uma infinidade de causas conectadas. Eu não sou um bolo de arroz, eu sou uma pintura de um bolo de arroz.

A conexão de tudo isso com o que eu disse anteriormente sobre linguagem e conceito é clara. Em seu texto-chave, *Versos Fundamentais sobre o Caminho do Meio*, Nagarjuna analisa muitos conceitos budistas e não-budistas comuns, como causalidade e movimento, nos quais baseamos nossa compreensão comum da vida. Ele elegantemente mostra repetidas vezes que todos os conceitos, todas as palavras e todas as noções comuns contêm uma autocontradição, a mesma autocontradição exibida pela própria existência. As coisas existem, e as palavras fazem sentido – mas não da maneira que pensamos.

Todo esse filosofar inteligente importa. Isso significa que o egoísmo é impossível: é baseado em premissas profundamente falhas. Quanto mais eu insisto em meu próprio ser, minha identidade fixa, mais vou sofrer. Assim como Shantideva argumen-

ta em seu capítulo sobre meditação, apenas compaixão e amor são realmente possíveis – não apenas teoricamente, mas também pessoal e emocionalmente, porque estão de acordo com o que realmente é o caso da vida. Se praticarmos a perfeição da compreensão e apreciarmos a natureza vazia dos fenômenos, trocaremos o eu pelo outro.

Quando os chineses traduziram os sutras indianos sobre a perfeição da compreensão, ficaram intrigados sobre como traduzir a palavra *shunyata*. Eles usaram o caractere para *céu*, com as conotações de largo, azul e infinito. As coisas são vazias. Sem limites ou fronteiras. Tão profundas quanto o grande céu azul.

O Zen e os ensinamentos sobre vacuidade

Hui-Neng, o sexto ancestral do Zen chinês (o pesador de arroz mencionado no capítulo anterior), foi despertado repentinamente quando ouviu alguém lendo o *Sutra do Diamante*, um dos sutras sobre vacuidade. A linha que lhe chamou a atenção foi "dar origem a um pensamento não suportado" (isto é, um pensamento ou palavra sem nada substancial, qualquer coisa com ser próprio por trás dela). Desde então, os ensinamentos da vacuidade (entre outros ensinamentos-chave do Mahayana) foram fundamentais para o Zen, como são para todas as escolas do budismo Mahayana.

Para ilustrar como o Zen expressa esses ensinamentos, vou contar duas histórias Zen.

A primeira história, que abre a coleção do *Livro da Serenidade*, é sobre Buda oferecendo uma fala do Dharma. Um dia, Buda subiu ao assento cerimonial do Dharma para falar. Manjushri, o bodisatva da perfeita compreensão, bateu o martelo para abrir a palestra e começou a fazer uma declaração formal de introdução: "Observem claramente. O Dharma do rei do Dharma é assim!" O Buda então desceu do assento.[36]

Como tenho dito, a perfeição da compreensão é elusiva. Ainda mais esquivas são as palavras para descrevê-la. No en-

A Perfeição da Compreensão

tanto, não é um mistério: tudo em todos os lugares já é vazio, exatamente como é. Tudo o que você precisa fazer é observar claramente. A palestra sobre o Dharma do Buda é um exercício de eloquência definitiva. Ele se senta no banco, mas não diz uma palavra. A presença de Manjushri, o bodisatva da perfeita compreensão, nos diz que esse é um ensinamento sobre a perfeição da compreensão. Na arte budista, Manjushri é retratado como um jovem sentado em meditação, segurando numa das mãos uma espada erguida sobre a cabeça e, na outra, um livro, o *Prajnaparamita Sutra*. A espada corta todas as palavras e ideias emaranhadas, mostrando o espaço vazio no centro.

A segunda história é sobre Bodhidarma, a quem mencionamos anteriormente como o lendário fundador do Zen. Essa história aparece como a primeira história no *Blue Cliff Record*, outra importante coleção de koans.

O imperador chinês Wu pergunta a Bodhidarma: "Qual é o significado mais alto das Sagradas Verdades?". Bodhidarma responde: "Vazio – não há nada Sagrado". O imperador diz: "Quem é esse de frente para mim?". "Eu não sei", Bodhidarma responde. O imperador não entendeu. Bodhidarma atravessou o rio Yangtze, chegou a Shaolin e ficou sentado de frente para a parede por nove anos.[37]

"As Verdades Sagradas" representa os ensinamentos budistas normativos. O imperador Wu era um grande defensor do budismo. Ele estava realmente esperando algo especial do grande Bodhidarma. Surpreendentemente, Bodhidarma não lhe dá nada. Ele diz que os ensinamentos são vazios.

Mas não devemos ficar chocados. Vacuidade é um fato consumado da vida. Tudo, sem exceção, é vazio do próprio ser – mesmo os ensinamentos budistas, mesmo o próprio Buda, mesmo os bodisatvas imaginativos que aspiramos ser. Este é o seu significado mais alto: sem significado. Até a vacuidade é vazia! Tornar a vacuidade o ensino mais alto, conceber a vacuidade como tendo um ser próprio – como compreensível, alcançável ou existindo de maneira real – seria violar a vacuidade, torná-la um absurdo.

Essas duas histórias ilustram a centralidade dos ensinamentos e a prática da perfeição da compreensão no Zen. E ilustram o estilo de expressão Zen: ativo, embutido no encontro, lacônico, irônico, cortante.

O budismo tibetano também tem um foco poderoso nos ensinamentos sobre a vacuidade, mas seu estilo é quase o oposto. Existem muitas escolas e abordagens diferentes no budismo tibetano, mas, em geral, os budistas tibetanos adotam uma abordagem muito mais discursiva e filosófica para a perfeição da compreensão. Os ensinamentos indo-tibetanos sobre a vacuidade – começando com os escritos de Nagarjuna e os muitos comentários tibetanos de seus tratados – são sofisticados e prodigiosos. Em algumas escolas, há um curso completo de estudo e debate sobre o assunto da vacuidade que leva décadas para ser concluído, depois do qual há mais décadas de prática sistemática de meditação para trazer os ensinamentos totalmente ao coração. De uma perspectiva budista tibetana, é ridículo pensar que você poderia meditar sobre a vacuidade sem anos de estudo preparatório. No entanto, é exatamente isso que os praticantes Zen tentaram ao longo das gerações! Anos atrás, convidei o falecido Tara Tulku Rinpoche, um eminente mestre budista tibetano, ao nosso templo para ensinar. Quando expliquei nossa prática para ele, contando dos ensinamentos de Dogen sobre a meditação Zen que eram a base dela, ele ficou atônito. Ele não podia imaginar que estávamos seriamente tentando fazer essa prática muito avançada (do ponto de vista dele) e que a ensinamos até aos casuais e curiosos que vinham ao templo para receber instruções iniciais. Não fazia sentido para ele.

Talvez ele estivesse certo! Talvez uma compreensão intelectual completa dos ensinamentos da vacuidade seja uma preliminar necessária para incorporá-los. Talvez a tradicional ideia zen de "realização repentina" seja ingênua e enganosa.

Parece-me que ambas as abordagens têm pontos fortes e fracos. Se você é tibetano, e o budismo está incorporado à sua cultura (ou se você é um estudante ocidental dedicado à cultura budista tibetana), pode fazer sentido passar décadas estudando

A Perfeição da Compreensão

os ensinamentos detalhados e escolásticos sobre a vacuidade, seguidos de um processo passo a passo de meditação – que têm sido um tesouro cultural do Tibete há gerações. Mas se você é uma pessoa ocidental cujo interesse está na transformação pessoal e precisa encontrar uma maneira de praticar seriamente no contexto de uma vida que, por necessidade, inclua carreira, família e outros interesses importantes, talvez não faça sentido embarcar em uma jornada tão longa.

Por outro lado, praticar a meditação Zen sem ter ideia do que você está fazendo, o que está por trás dela e para onde ela está te levando – isto é, sem treinar seu pensamento reflexivo na perspectiva que os ensinamentos da vacuidade implicam – também pode se provar abaixo do ideal.

Na minha própria prática, achei importante uma combinação das duas abordagens. Estudei os sutras da *prajnaparamita* na tradução em inglês do Dr. Conze, bem como os trabalhos de Nagarjuna em suas excelentes versões em inglês e muitos comentários sobre esses textos, incluindo vários trabalhos do Dalai Lama. Embora eu não ache que alguém precise fazer tudo isso, recomendo se você tiver paciência. Por alguma razão, sempre tive uma paixão particular por esses ensinamentos. Talvez tenha sido porque eu pratiquei o Zen, sem procurar uma nova religião. Eu estava atrás de outra coisa, não tenho certeza do que. Se o budismo é vazio do budismo, como os ensinamentos sobre a compreensão perfeita certamente dizem que é, então, eu vi, você poderia praticar o budismo sem "ser" um budista. Ainda não acho que sou budista. Também não acho que sou um sacerdote zen-budista, embora compreenda perfeitamente que o mundo me conjure como ocupando o papel, e que possivelmente haja algo de bom nisso, então não discuto o ponto. Os ensinamentos da vacuidade realmente são bastante libertadores, e estudá-los por toda uma vida tem sido um grande alívio para mim.

Mas estudo não é suficiente. Como eu, você também precisará praticar meditação de forma constante ao longo do tempo (talvez até mais do que os nove anos de Bodhidarma). Se o fi-

zer, você se encontrará praticando as outras cinco paramitas ao percorrer o caminho imaginativo do bodisatva com um senso de compromisso inspirado que crescerá, pouco a pouco, com o tempo. Ainda assim, você nunca dominará a perfeição da compreensão. Como poderia?

Vacuidade, autorreflexão e humor

Quero voltar por um momento à história de Bodhidarma e do imperador. Observe como ele se move rapidamente da vacuidade, que parece tão filosófica, para nove anos de meditação solitária. Para realmente apreciar o que significa vacuidade, você precisa olhar profundamente. Você tem que investigar a si mesmo. A resposta de Bodhidarma à pergunta "quem é você?" – "eu não sei" – é importante. A perfeição da compreensão não se trata de algo que estamos analisando ou pensando. É sobre nós, nossas vidas, nossas intenções e sentimentos, nossas identidades. Quem é você? Quem sou eu? É aqui que a perfeição da compreensão se manifesta.

A prática budista inicial focou-se na análise do eu, seguindo a percepção do Buda de que não existe um eu real e que o apego a um eu que não existe como tal é o problema humano central. Assim, os praticantes foram instruídos a meditar profundamente, a fim de analisar os elementos constituintes do eu: matéria física, sentimentos-sensações, percepções, escolhas e consciência. Isso é real, disseram os ensinamentos. O eu não é. Muito provavelmente esse caminho detalhado e sério de autoanálise produziu alguns meditadores muito exigentes e obcecados por si mesmos. Alguns meditadores budistas ocidentais atuais também podem ser um pouco exigentes e obcecados em si mesmos. Isso faz sentido: profundamente preocupados com a calma, com a eliminação ou a purificação das emoções aflitivas, com a melhoria moral e a saúde psicológica, os praticantes podem muito bem encontrar-se aumentando, em vez de diminuir, o autocentrismo.

A Perfeição da Compreensão

Estou certo de que os praticantes budistas, desde os primeiros tempos, viam essa tendência autocentrada em si mesmos. Isso deve tê-los preocupado. Acredito que os ensinamentos da vacuidade surgiram dessa preocupação. O súbito *insight* sobre a vacuidade explode esse problema. Sim, o eu é vazio, como o Buda originalmente ensinou. Mas também o são seus elementos constituintes! Portanto, a prática da análise do eu em seus elementos é, em última análise, inútil; não descobre o real, mas apenas abre um novo nível de ilusão. Não que essa prática deva necessariamente ser abandonada. Os mahayanistas nunca negaram nada no ensino ou na prática budista. Eles apenas reinventaram, reinterpretaram e recontextualizaram o budismo. Eles mudaram a moldura. Analisar o eu em elementos constituintes é uma boa prática, desde que você não a leve muito a sério.

Além disso, se a sua prática é sobre autoinvestigação, autolibertação e paz, o que acontece com todos os outros? Buda não passou suas vidas anteriores servindo aos outros, amando os outros, como as histórias de Jataka relatam? Se vamos imitar o Buda, também devemos nos preocupar com os outros. Então, sim, o eu é vazio, os constituintes do eu são vazios, nada existe por si só – tudo é conexão. Os outros não são os outros, o eu não é o eu. Vacuidade é amor! De qualquer forma, é assim que imagino os ensinamentos da vacuidade desenvolvidos no início do budismo.

Embora os ensinamentos sobre a vacuidade em sua forma indiana pareçam bastante sem humor, eles são realmente engraçados quando você pensa sobre eles. Não é de admirar que os chineses os tenham tomado dessa maneira. O paradoxo é engraçado, até sem sentido. A vida é irônica – as coisas parecem fazer sentido, mas elas não fazem. Há uma grande piada embutida nos ensinamentos sobre a vacuidade: hilariantes e trágicos ao mesmo tempo.

No capítulo da generosidade, discutimos longamente a importância da atitude. Em grande parte, a prática do bodisatva é uma questão de atitude, e humor e ironia são ingredientes

essenciais na atitude do bodisatva. Se vamos absorver toda a massa de sofrimento humano com preocupação amorosa, é melhor vermos humor nela, para que possamos segurá-la de forma leve. Como os comediantes que brincam sobre coisas sérias sem negar sua seriedade, os bodisatvas devem ter a capacidade de manter sofrimento e humor em equilíbrio. E, para praticar com total comprometimento e esforço, sem se tornarem insuportáveis ou ficarem esgotados, é melhor os bodisatvas não levarem a si mesmos ou suas práticas e ensinamentos muito a sério. Levar as coisas muito a sério é um sinal claro de que você perdeu o fio dos ensinamentos sobre vacuidade. Poderíamos chamar a perfeição da compreensão de perfeição da ironia.

Anteriormente, defini meios hábeis como a capacidade de improvisar. Agora vemos mais profundamente esse pensamento. Com base na perfeição da compreensão, os bodisatvas não veem práticas ou ensinamentos, não têm objetivos nem fazem esforços: são flexíveis, têm senso de humor sobre si mesmos e sobre seu projeto de bodisatva. Eles entendem que tudo é irônico, provisório e fluido, especialmente a maneira como veem as coisas, a maneira como pensam e falam. A perfeição da compreensão é a fonte última de meios hábeis. O mundo inteiro não passa de meios hábeis.

É uma mudança fácil daqui para o tema abrangente de nossa discussão – imaginação. Espero que fique claro que todas as palavras que enfatizei nesse livro são apenas rótulos que estou desajeitadamente tentando colocar em algo que desafia todos os rótulos. *Vacuidade, compreensão, perfeição, imaginação, ironia, meios hábeis, amor, compaixão, despertar, bodisatva* – podemos realmente ser claros sobre as definições precisas dessas várias palavras? Todas elas não são apenas marcadores de nossa contínua e fraca tentativa de explicar algo que precisamos desesperadamente entender, mas não conseguimos entender direito, sobre nossa vida coletiva na Terra?

Ainda assim, precisamos continuar tentando entender, com grande esperança de que nosso esforço ajude de alguma forma.

Existe tal coisa como a verdade?

Há algo um pouco perturbador na ideia da compreensão perfeita como irônica, paradoxal. Se os bodisatvas veem que tudo e nada são verdadeiros ou falsos, então tudo e nada são possíveis. Não ter uma verdade estabelecida para depender dela é inquietante. A falta de fundamento do ponto de vista do bodisatva perturbou os budistas quando foi proposta pela primeira vez há dois mil anos. Ela ainda é perturbadora.

Até bem recentemente (e ainda, em alguns lugares), as culturas humanas eram fundamentadas em verdades e valores absolutos e eternos, embutidos nas tradições religiosas que forneciam suas ideologias unificadoras. Quando, alguns séculos atrás, a investigação científica aberta se tornou convincente, essas verdades aparentemente eternas começaram a se desgastar. A revelação baseada no testemunho místico das escrituras sagradas e nas hierarquias que as interpretavam não era mais uma fonte confiável e exclusiva da verdade. Uma humanidade recém-confiante, que não está mais sujeita à percepção do controle divino, derrubou essa verdade religiosa e avançou para uma nova era cheia de possibilidades brilhantes.

Recentemente – durante o tempo de vida da minha geração (mais ou menos, o último meio século) –, essa confiança se esgotou. De repente, o futuro não parece mais tão promissor. Agora, percebemos que a verdade nunca foi realmente o resultado da busca racional de significado que pensávamos. Sempre foi produzida por pessoas com influência social e econômica para controlar a mensagem. O controle simplesmente passou de uma hierarquia para outra. Sabendo disso, agora temos centros de cultura em guerra, cujas noções conflitantes sobre o que é e deveria estar acontecendo nos deixam vacilantes. O racional dar-e-tomar ideias que produziram o modernismo triunfante tornou-se uma competição gritante.

Mesmo a ciência não é poupada. Vemos que a verdade científica não é fixa e que mesmo os resultados supostamente objetivos da investigação científica têm estruturas humanas. Os to-

madores de decisão que controlam os financiamentos moldam o que é estudado e o que não é. E os estudos não produzem mais certeza. Quanto mais sofisticada a investigação científica, mais obscuros e complexos são os resultados. Nada pode ser estudado isoladamente – a causalidade é complexa e emaranhada – então, quanto mais sabemos, mais vemos o quanto não sabemos. Em física e cosmologia, passamos do universo newtoniano, com suas leis absolutas e imutáveis, para o universo relativo de Einstein e para o universo incerto de Heisenberg, que parece invalidar a possibilidade do observador objetivo.

O mundo social e político está em uma situação ainda pior, atingido pelo ataque de "notícias falsas" e pelo faccionalismo ideológico extremo, cada facção com seus próprios fatos e suposições organizadoras do mundo. A verdade é uma das várias narrativas possíveis.

Curiosamente, os ensinamentos budistas, com ênfase no sofrimento humano, no não-essencialismo e na impermanência radical se saem melhor nesse momento confuso do que os de outras tradições religiosas. Pessoas que gostam do budismo percebem sua ampla influência nesses tempos, à medida que a psicologia contemporânea e outras ciências desenvolvem abordagens e entendimentos que parecem bastante amigáveis ao budismo.

No entanto, o problema permanece: algo é verdadeiro? Que fatos se sustentam? Os ensinamentos sobre a perfeição da compreensão têm algo a contribuir para esse dilema?

Lembremos que a perfeição da compreensão não diz respeito a compreender *algo*. Não promete verdades e não valida fatos. Não é sobre o que sabemos ou mesmo como sabemos. É sobre quem somos e como navegamos essa jornada humana. Os bodisatvas que praticam a perfeição da compreensão não sabem necessariamente o que está acontecendo. Mas eles têm um caminho de vida, um modo de estar no mundo que os ajuda a navegar por essas águas agitadas e um amplo conjunto de traços de caráter que eles desenvolveram através da prática.

Primeiro e principalmente, os bodisatvas que praticam a perfeição da compreensão, juntamente com as outras perfei-

ções, são gentis. Generosos em suas perspectivas e ações, eles têm a capacidade de perdoar as pessoas porque compreendem as condições que dão origem a uma conduta imprudente. Eles têm compaixão infalível. Sabendo o quão triste e impossível é ser humano, eles veem os outros como a si mesmos, tentando o seu melhor para fazer o que podem para sobreviver. Sempre que o sofrimento está presente, eles vão em direção a ele, em vez de se afastarem; eles o sentem profundamente e fazem o possível para torná-lo melhor. Se nada pode ser feito, eles sofrem com todos. Eles praticam a prática da escuta de Avalokiteshvara, ouvindo nos lamentos do mundo o fluxo e refluxo da vida, ouvindo profundamente as palavras da pessoa à sua frente e ouvindo, além das palavras, o que está por trás delas. Eles têm a coragem de enfrentar o que precisa ser enfrentado, sem recuar na distração ou confusão, e confiam na vida o suficiente para permanecerem esperançosos em todas as condições, não importa quão terríveis. Acima de tudo, os bodisatvas são humildes. A humildade do bodisatva não é modéstia pessoal, vem da perfeição da compreensão. Todos os dharmas estão vazios de ser próprio. Isso significa que a verdade do que se passa, a verdade de quem se é, é desconhecida. Não é que isso possa ser conhecido e ainda não sabemos – é além do conhecimento. Respeitar esse fato é ser humilde.

Percebo plenamente que o retrato do bodisatva que acabei de pintar é irremediavelmente idealista. Quem poderia ser uma pessoa assim? No entanto, o fato de a imaginação poder conceber essa pessoa e de a maioria de nós afirmar a bondade desse retrato, por mais que tenhamos certeza de que essa pessoa nunca exista, mostra-nos que o ideal é sincero e vale nosso melhor esforço. Fazer um esforço para praticar as seis perfeições e viver no mundo dessa maneira ajudaria.

Mas estamos falando de verdade. A perfeição da compreensão oferece alguma orientação nesse mundo perturbador de verdade em mutação? Sim, a perfeição da compreensão aprecia que a verdade está sempre mudando, sempre esteve mudando. Todas as coisas, sem exceção, estão vazias. Não existe e nunca

houve uma verdade sólida. No entanto, a qualquer momento, algo é verdade. Existem alguns fatos que podemos aceitar, sabendo que no futuro poderemos não aceitar esses mesmos fatos. Para agir agora, precisamos tomar algo como provisoriamente verdadeiro. A provisionalidade da verdade não torna a verdade óbvia. A fluidez da verdade só é perturbadora se esperarmos que seja sólida.

Como decidimos quais fatos aceitar? Por meio da investigação, leitura, discussão com amigos e por meio de fontes confiáveis que eram seguras no passado, descobrindo da melhor maneira possível um consenso confiável. Obviamente, sabemos que há muito que não sabemos e que o que decidimos aceitar agora poderemos rejeitar mais tarde, quando novos fatos e um novo consenso surgirem. Claro que a verdade está sempre mudando! A verdade é vazia de verdade e cheia das miríades de interconexões em constante mudança no mundo. Nossa ação faz parte dessa rede interconectada que produzirá a nova verdade que está por vir. Portanto, assumimos a responsabilidade de fazer o que pudermos, com base na melhor verdade que podemos encontrar hoje.

É minha prática acompanhar da melhor maneira possível os desenvolvimentos nacionais e mundiais. Estou sempre tentando entender o que está acontecendo, e vejo isso como uma parte importante da prática do bodisatva. Como muitos, acompanho a questão da mudança climática há décadas. Há muitos fatos a serem digeridos, fatos que vêm de uma variedade de disciplinas científicas e que são relatados em muitos lugares. Não conheço e não sou competente para acompanhar a maioria dessas informações. Mas mesmo que eu pudesse, seria difícil saber exatamente o que está acontecendo, porque a situação é muito complicada. Tenho alguns amigos que são cientistas climáticos e estão bastante preocupados com as tendências, mas sempre dizem que não sabem como as coisas estão indo agora ou no futuro, porque muitos fatores estão em jogo, cada um dos quais influencia os outros. Portanto, quando as pessoas refutam alegações científicas sobre as mudanças climáticas, como foi o caso alguns anos

atrás, elas podem, em alguns casos, estar corretas. Quando elas dizem que realmente não sabemos o que está acontecendo, elas certamente estão corretas. No entanto, a melhor verdade que temos agora, ou pelo menos a verdade em que eu acredito, com base no meu melhor esforço para entender, é que as mudanças climáticas que estão ocorrendo, em grande parte, devido à atividade humana, terão efeitos seriamente perigosos em nosso planeta e em suas espécies, e é urgentemente imperativo que paremos a emissão de carbono na atmosfera o mais rápido possível, mudando para fontes de energia limpas.

Os céticos da ciência, muitos com inspiração religiosa, também gostam de apontar que a evolução é apenas uma teoria. Eles estão certos. A relatividade einsteiniana também é uma teoria. Pelo que entendi, uma teoria é uma explicação plausível e útil que se encaixa, a partir de agora, nas informações que temos. Não é uma verdade eterna, mas sim uma verdade humana e, como tal, está sujeita à expansão, revisão e talvez até contradição. Mas concluir que, como as teorias científicas são teorias, elas não devem ser validadas, viola as melhores verdades que temos agora e, portanto, leva a ações – ou inações – que têm consequências muito ruins para a segurança e o bem-estar das pessoas e de outros seres vivos.

Quando se trata de questões sociais e políticas, que também sigo de perto, muitas vezes me encontro na posição estranha de concordar e discordar em parte com muitos lados. As notícias políticas parecem irremediavelmente tendenciosas no momento, embora, é claro, sempre tenham sido. Mas aplico o mesmo princípio aqui também: faço um esforço para encontrar a melhor verdade possível e ajo com base nessa verdade.

A compaixão surge como uma consequência natural da prática da perfeição da compreensão. Tento me perguntar qual conjunto de fatos, visão ou decisão é mais compassivo, fará o melhor para a maioria das pessoas e causará menos danos. Sinto que, nas sociedades de massa complexas, os governos são necessários para coordenar as atividades – não há como deixar de lado esse fato – e eles devem trabalhar em nome das pessoas

e do meio ambiente, protegendo e melhorando a capacidade das pessoas de estarem bem e florescerem, especialmente as mais necessitadas. Mas posso entender bem o ponto de vista daqueles que desconfiam do governo. A história está cheia de exemplos de governos opressivos e terríveis. De fato, a maioria dos governos tem sido assim, portanto, não é irracional ou imoral não gostar e desconfiar do governo.

Percebo por que as pessoas não gostariam de seguir essa regra de buscar, através da investigação, a melhor verdade possível. Leva tempo e paciência e nunca produz certeza. Quando o mundo inteiro está mudando sob seus pés e quando suas circunstâncias pessoais são instáveis, faz sentido que você queira se apegar a um firme conjunto de crenças, que fornecem não apenas uma base para a seleção de fatos, mas também um senso de identidade e pertencimento à comunidade de pessoas que compartilham essas crenças. Provavelmente, nosso atual facciosismo social e político continuará por algum tempo, independentemente de quem está dentro ou fora do poder, e teremos que continuar a praticar a perfeição da compreensão pacientemente por um longo tempo. Mas isso não é uma dificuldade ou frustração para os bodisatvas. É o que eles fazem, é o seu pão com manteiga!

Espero que você perdoe este longo e talvez fácil resumo da história cultural, científica e social que não tenho nenhuma qualificação para dar! Faço isso não porque acho que o que disse é necessariamente verdadeiro ou correto, mas para ilustrar que a perfeição da compreensão não é apenas um idealismo imaginativo que existe nos céus espirituais, mas também um idealismo imaginativo que pode e deve ser aplicado à vida nesse mundo como ele é, com todas as suas complexidades e desafios.

Existem muitos exemplos de bodisatvas contemporâneos trazendo sua prática à terra e fazendo o que podem para ajudar. Vários de nossos membros da sangha Zen de Todos os Dias trabalham com grupos ambientalistas e grupos de nativos americanos para tentar impedir os piores excessos de políticas ruins de mudança climática. Nossa sangha, e muitas outras, administram programas nas prisões para levar a bondade da

compreensão e da prática do Dharma aos prisioneiros profundamente necessitados delas. Tenho vários colegas Zen, incluindo meu antigo professor Roshi Bernie Glassman, fundador da Ordem dos Pacificadores Zen, que se dedicam a testemunhar e a ajudar, viajando ao redor do mundo para observar e levar a bondade a pontos problemáticos. Minha colega Roshi Joan Halifax foi ativista a vida toda. Entre seus muitos projetos para ajudar o mundo, ela treinou por anos um quadro de capelães budistas cuja missão é ajudar doentes e moribundos. Há alguns anos, o ativista Paul Hawken fez um vídeo que simplesmente listava os nomes de várias ONGs e outras organizações em todo o mundo cujas missões envolvem ajudar pessoas, animais, plantas e ambientes. A lista rolou várias vezes, por muitas horas, e quando terminou estava, é claro, ainda incompleta. O mundo está cheio de bodisatvas que estão ajudando de inúmeras maneiras a trazer paz, harmonia e bem-estar ao mundo. Por mais loucos e destrutivos que nós, seres humanos, tenhamos sido, somos e seremos, somos igualmente gentis e amorosos e eficazes em transformar as próprias tragédias que cometemos em ocasiões de amor e cura.

Dogen sobre a perfeição da compreensão

O segundo ensaio da obra-prima de Dogen, *Shobogenzo* (*O Tesouro do Verdadeiro Olho do Darma*), é chamado de *A Grande Perfeição da Compreensão* ("*Maka Hanyaharamitsu*"). O ensaio começa citando a abertura do *Sutra do Coração*. Avalokiteshvara, bodisatva da grande compaixão, fala: "Todos os cinco *skandhas* [elementos constituintes do eu, como discutido anteriormente] são vazios."[38]

Dogen chama isso de a perfeição quíntupla da compreensão. Então ele diz que existe a perfeição em doze partes da compreensão: os seis sentidos e seus objetos. Existe a perfeição em dezoito partes da compreensão: os seis sentidos, seus objetos e as seis consciências que surgem quando cada sentido encontra

seu objeto. Há a perfeição quádrupla da compreensão: as quatro nobres verdades do sofrimento, origem, parada e caminho; a perfeição sêxtupla da compreensão, que é generosidade, conduta ética, paciência, alegre empenho, meditação e compreensão; e a perfeição única da compreensão, o despertar perfeito nesse momento atemporal do tempo presente.

Essa perfeição da compreensão, ele conclui, manifesta-se de três maneiras: passado, presente e futuro; de seis maneiras: terra, água, fogo, ar, espaço e consciência (os elementos que compõem o mundo físico: entendimento científico nos dias de Dogen); e de quatro maneiras: em pé, sentado, andando e deitado, que praticamos em nossas atividades cotidianas.

O budismo é uma religião de listas, e Dogen gosta de fornecer quantas listas ele puder pensar quando ele está no clima. Ao ler seu ensaio, você tem a sensação de que Dogen não está tentando explicar a perfeição da compreensão, ele quer tocar nela, como um músico pode tocar temas comuns em seu repertório. Para a ampla imaginação de Dogen, a perfeição da compreensão é musical e equivale a isso: o mundo inteiro, como aparece na consciência e no tempo, nada mais é do que a perfeição da compreensão infalivelmente e constantemente expressa nas ações simples de nossa vida diária.

Versos sobre a perfeição da compreensão

Como sempre, podemos contar com Tokme Zongpo para explicar o assunto com uma simplicidade sem adornos:

> Sem sabedoria [compreensão], as cinco perfeições
> Não são suficientes para alcançar o despertar completo.
> Cultive sabedoria [compreensão] e habilidade [em meios]
> Livre dos três domínios [esferas] – esta é a prática de um bodisatva.[39]

Tokme Zongpo repete aqui o que temos dito o tempo todo: a perfeição da compreensão é o fermento que faz com que as

outras cinco perfeições cresçam. Certamente há uma grande virtude e benefício em praticar generosidade, conduta ética e assim por diante, não importa o quê. Praticando isso, definitivamente melhoraremos nossas vidas e as vidas daqueles à nossa volta. Mas quando praticamos a perfeição da compreensão, as outras cinco práticas se tornam perfeições e trazem benefícios incalculáveis ao mundo.

A linha "livre dos três domínios", ou esferas, refere-se ao ensinamento da perfeição da generosidade. Praticando a perfeição da compreensão, vemos que não há doador, destinatário e doação: essas três "esferas" estão vazias. Dar é livre de dar. A perfeição da compreensão libera cada uma das cinco perfeições para serem perfeições, para que possamos praticá-las com uma atitude livre e fácil, além da autorretidão e de qualquer outra forma de mesquinhez da mente.

O casamento essencial entre compreensão perfeita e meios hábeis também é indicado aqui por Tokme Zongpo – compreensão perfeita e meios hábeis sempre caminham juntos. Os meios hábeis não são outra coisa senão a perfeição da compreensão. A visão aberta, flexível, improvisada e irônica desse mundo, e a capacidade de se mover para beneficiar outros, não importa quão estranho ou difícil seja, é o modo essencial de vida do bodisatva.

E aqui, finalmente, estão os versos do *Sutra Prajnaparamita em Oito Mil Linhas*:

> De todos os ensinamentos que foram revelados pelo Líder, este ensinamento é o melhor e insuperável.
> Quem, sábio em todos os treinamentos, deseja ir Além,
> Deve treinar nessa perfeição de sabedoria [compreensão], no treinamento de Buda.
>
> Este é o melhor receptáculo, o armazém do supremo Dharma
>
> O tesouro da felicidade e a tranquilidade das pessoas que pertencem ao clã dos budas.
>
> Os salvadores do mundo passado e futuro nas dez direções,
> Eles surgiram disso, mas o elemento Dharma não se esgota

....

Tantas raízes de dispositivos hábeis [meios] quanto existem, portas e métodos de cognição,

Todos eles provêm da sabedoria [compreensão], a principal perfeição.[40]

Esses versos louvam e apreciam a perfeição da compreensão. A linguagem deles implica que a perfeição da compreensão é o útero (receptáculo, armazém), do qual se emite a felicidade e a tranquilidade dos membros da família do Buda. Os próprios budas vêm deste útero. A perfeita compreensão é a mãe de todos os budas. No budismo mahayana, esse pensamento levou à representação iconográfica da perfeita compreensão como uma deusa bela e voluptuosa, sentada em uma postura de meditação, com as mãos fazendo o mudra que gira a roda, indicando a origem dos ensinamentos. Em nossos centros Zen, cantamos há anos um trecho do "Hino à Perfeição da Compreensão", encontrado em uma passagem do *Sutra Prajnaparamita em Oito Mil Linhas*:

> Homenagem à perfeição da sabedoria, a amável, a sagrada.
> A perfeição da sabedoria dá luz.
> Sem manchas, o mundo inteiro não pode manchá-la.
> Ela é uma fonte de luz, e de todos no mundo triplo, ela remove a escuridão.
> Mais do que excelentes são os seus trabalhos.
> Ela traz luz para que todo o medo e a angústia possam ser abandonados e
> dispersa a melancolia e a escuridão da ilusão.

> Ela própria é um órgão da visão.
> Ela tem um conhecimento claro do ser próprio de todos os dharmas, pois não se afasta dele.
> A perfeição da sabedoria dos budas põe em movimento a roda do Dharma.[41]

Práticas

Não há como praticar a perfeição da compreensão! Não há técnicas, não há instruções, não há truques.

Por outro lado, como indica a passagem de Dogen, não há como não praticar a perfeição da compreensão. Se você estiver em pé, sentado, andando ou deitado; se você está vivo no momento presente, com corpo e consciência, a perfeita compreensão está aí. Lembre-se disso!

Ou você pode voltar aos cinco capítulos anteriores e continuar trabalhando com as muitas práticas listadas nas outras cinco perfeições. Praticar generosidade, conduta ética, paciência, alegre empenho e meditação como perfeições, e não como práticas convencionais, é essencial para praticar a perfeição da compreensão.

Ou você pode seguir as instruções de Dogen no capítulo 5 e começar uma meditação diária sobre a prática da vacuidade (com sorte aumentando-a com a prática em um centro de Dharma onde você pode encontrar guias e outros praticantes com quem compartilhar). Se você estabelecer uma prática diária de sentar no espírito da perfeição da compreensão, o resto se desenvolverá automaticamente em seu próprio tempo, à sua própria maneira.

Boa sorte!

Agradecimentos

Nenhum autor pode reivindicar autoria exclusiva por seu livro. Neste caso, isso é ainda mais do que o geralmente verdadeiro. De um modo bastante real, eu coescrevi este livro com meus muitos professores e amigos do Dharma; nem uma única palavra que você leu é minha. As ideias, sentimentos e inspirações que compõem este livro surgiram graças às minhas associações com muitas pessoas em minha vida cujos *insights* e exemplos muito me influenciaram e iluminaram.

Eu pensei em fazer uma lista daqueles aos quais sou especialmente grato, mas depois de muitas versões, a lista se tornou impossivelmente longa. Então, deixe-me mencionar, em meio a meus professores, apenas meu professor de Transmissão Zen Sojun Weitsman, meu primeiro e último professor, e Zentatsu Baker, meu professor de ordenação. (E deixe que seus nomes representem aqueles dos muitos outros professores espirituais com os quais eu fui abençoado por estudar ao longo de minha vida, começando com minha avó, Fannie Lusting, e meus pais, Sidney e Lenora Fischer, e os Rabinos Gabriel Maza e Alan Lew.)

Minha gratidão também se estende às minhas comunidades espirituais, onde eu tenho tantos colegas e amigos: os Centros Zen de Berkley e São Francisco; a família do Dharma Zen Cotidiano, incluindo especialmente a Comunidade Cedro Vermelho, a Comunidade Zen Chuva da Montanha, o Grupo Zen Cotidiano da Área da Baía, as sanghas mexicanas do Zen Cotidiano, e a Comunidade de Meditação Judaica Makor Or. Eu devo também mencionar meus muitos colegas em outras tradições budistas, assim como os rabinos, padres católicos e

monásticos, ministros protestantes, as pessoas das Primeiras Nações, e praticantes sênior sufis e muçulmanos em cuja presença eu aprendi que religião pode ser algo que nos conecta profundamente em vez de nos separar.

Eu permaneço em dívida com meus filhos, Aron e Noah Fischer, e suas famílias, que eu profundamente amo e respeito e que me ensinaram o que é amor e respeito.

Acima de tudo, minha gratidão e amor se estendem a minha esposa e companheira no sacerdócio Zen (fomos ordenados juntos em janeiro de 1980), Kathie Fischer, com quem eu me engajei no diálogo sobre a vida religiosa por mais de quarenta anos, e a quem eu devo minha vida feliz.

Os ensinamentos deste livro vieram de muitas fontes. Eu tenho sido especialmente um estudante de Dogen, por meio de muitas traduções que estudei ao longo dos anos, especialmente as de Kazuaki Tanahashi, um querido amigo e colega. Os ensinamentos de *prajnaparamita*, traduzidos especialmente por Edward Conze, têm há muito sido fundamentais para mim. Eu usei extensivamente o grande texto *Bodhicaryavatara* de Shantideva, especialmente a tradução de Kate Crosby e Andrew Skilton; *As Seis Perfeições*, o comentário sobre as seis perfeições de Geshe Sonam Rinchen, traduzido e editado por Ruth Sonam; e o maravilhoso texto de Tokme Zongpo, *Reflexos no Rio de Prata*, traduzido e apresentado a mim pelo astuto professor budista e meu bom amigo, Ken McLeod.

Finalmente, eu quero salientar o melhor livro sobre as seis paramitas que eu já li, *As Seis Perfeições: Budismo e o Cultivo do Caráter*, de Dale Wright (Oxford University Press, 2009). O Professor Wright é aquela raríssima combinação de acadêmico, pensador sério e praticante religioso raramente vista nesta ou em qualquer outra era. Eu acho todos os seus livros inspiradores, iluminadores e encorajadores para minha prática. Ele tem a incomum habilidade de compreender e digerir ensinamentos enquanto questiona-os cuidadosamente até que eles produzam suas ramificações mais amplas. Muitas, senão a maioria, das ideias deste livro têm nele a sua fonte. Frequen-

temente, enquanto escrevia, me perguntei se não seria simplesmente melhor dizer aos meus leitores: "parem aqui e leiam Dale Wright, que faz um trabalho muito melhor!".

Finalmente, eu quero expressar minha apreciação à minha agente literária de longa data, a maravilhosa Lindsay Edgecombe, da Agência Literária Levine Greenberg Rostan, cujo apoio ao longo dos anos em que temos trabalhado juntos tem sido inabalável. E a todos na Shambala Publications: especialmente meu editor, Dave O'Neal, que ficou subitamente doente no meio deste projeto e agora está afortunadamente se recuperando; ao seu sucessor, Matt Zepelin, que entrou com grande expertise e bondade; e à editora associada Audra Figgins. Tem sido um prazer trabalhar com tais habilidosos e bondosos colaboradores e com uma editora que faz tanto bem para seus autores e leitores.

NOTAS

1. Citado em "O que a Religião Nos Dá (Que a Ciência Não Pode)" de Stephen T. Asma, NYT 6/3/18.
2. Immanuel Kant, citado em John Sallis, *Força da Imaginação: O Sentido do Elemental* (Bloomington, IN: Indiana University Press, 200), 67.
3. Samuel Taylor Coleridge, "Imaginação", cap. 13 em *Biographia Literaria* (Londres: Rest Fenner, 1817).
4. Percy Bysshe Shelley, "Uma Defesa da Poesia", em *Ensaios, Cartas do Estrangeiro, Traduções e Fragmentos* (Londres: Edward Moxon, 1840).
5. Shelley, "Uma Defesa da Poesia".
6. Thomas Cleary, trad., *O Livro da Serenidade: Cem Diálogos Zen* (Boulder, CO: Shambala, 2005), 66.
7. Thomas Cleary and J.C. Cleary, trad., *O Registro do Penhasco Azul* (Boulder, CO: Shambala, 2005), 317.
8. Norman Fischer, Escape Desta Vida Louca de Lágrimas: Japão, Julho de 2010 (Kaneohe, HI: Tinfish press, 2014), 70–71.
9. Shelley, "Uma Defesa da Poesia".
10. Red Pine, trad., *Lankavatara Sutra* (Berkley, CA: Counterpoint, 2013).
11. Robert Desnos, "Vida de Ébano", trad. Alan Bernheimer e Stephen Emerson
12. Dogen, O Tesouro do Verdadeiro Olho do Darma: Shobo Genzo do Mestre Zen Dogen, trad. Kazuaki Tanahashi (Boulder: Shambhala, 2013), 474.
13. Ken McLeod, *Reflexos no Rio de Prata* (Los Angeles, CA: Unfettered Mind Media, 2013), 115
14. Ao longo deste livro, eu me refiro a este texto como O Sutra da Prajnaparamita em Oito Mil Linhas. As traduções citadas são todas extraídas Edward Conze, trad., *A Perfeição da Sabedoria em Oito Mil Linhas e seu Verso Síntese* (Bolinas, CA: Four Seasons Foundation, 1973), 69.
15. *Tanakh: As Escrituras Sagradas* (Philadelphia & Jerusalem: The Jewish Publication Society, 1985), 115.
16. Dogen, O Tesouro do Verdadeiro Olho do Darma, 475
17. McLeod, Reflexos no Rio de Prata, 119.
18. Conze, A Perfeição da Sabedoria em Oito Mil Linhas, 68
19. Rumi, de "Pelo que Você Vive", O Livro Diário de Rumi: 365 Poemas e Ensinamentos do Amado Mestre Sufi, trad. Kabir e Camille Helminski (Boulder, CO: Shambhala, 2012), 192.
20. McLeod, Reflexos no Rio de Prata, 123
21. Conze, A Perfeição da Sabedoria em Oito Mil Linhas, 67
22. Cleary, O Livro da Serenidade, 160
23. Dogen, O Tesouro do Verdadeiro Olho do Darma, 476
24. McLeod, Reflexos no Rio de Prata, 127
25. Conze, A Perfeição da Sabedoria em Oito Mil Linhas, 66
26. Bhikku Ñañamoli, *O Caminho da Purificação (Visuddhimagga)* (Kandy, Sri Lanka: Buddhist Publication Society, 1991), 85.

27 Red Pine, trad., *O Sutra da Plataforma: Os Ensinamentos Zen de HuiNeng* (Berkeley, CA: Counterpoint, 2008), 6.
28 Red Pine, O Sutra da Plataforma, 8
29 Robert Aitken, trad., *A Barreira sem Portão: O Wu-Men Kuan (Mumokan)* (Nova York: North Point, 1991), 7
30 Dogen, *O Registro Extenso de Dogen: Uma Tradução do Eihei*, trad. Taigen Dan Leighton e Shohaku Okumura (Boston, MA: Wisdom, 2010), 532–33.
31 Dogen, O Tesouro do Verdadeiro Olho do Darma, 907
32 Tanahashi, O Tesouro do Verdadeiro Olho do Darma, 908
33 McLeod, Reflexos no Rio de Prata, 131
34 Conze, A Perfeição da Sabedoria em Oito Mil Linhas, 63.
35 Cleary, Livro da Serenidade, 229
36 Cleary, Livro da Serenidade
37 Cleary e Cleary, Registro do Penhasco Azul, 1.
38 Dogen, *O Tesouro do Verdadeiro Olho do Darma*, 25. Eu alterei levemente as palavras da tradução original para simplificar.
39 McLeod, Reflexos no Rio de Prata, 135.
40 Conze, A Perfeição da Sabedoria em Oito Mil Linhas, 61.
41 Conze, A Perfeição da Sabedoria em Oito Mil Linhas, 135.

Sobre o Autor

Norman Fischer é um poeta e sacerdote Zen budista. Por muitos anos ele ensinou no Centro Zen de São Francisco, onde ele serviu como co-abade de 1995 a 2000. Ele é o atual fundador e diretor espiritual da Fundação Zen Cotidiano (www.everydayzen.org). Autor de mais de 25 livros, Fischer vive com sua esposa, Kathie, também uma sacerdotisa budista, em Muir Beach, California.

eureciclo
com.br

O selo eureciclo faz a compensação ambiental das
embalagens usadas pela Editora Lúcida Letra.

Que muitos seres sejam beneficiados.

Para mais sobre lançamentos da Lúcida Letra,
cadastre-se em www.lucidaletra.com.br

Este livro foi impresso em julho de 2022,
na gráfica da Editora Vozes, em papel Avena 80g,
utilizando as fontes Adelle e Sabon.

Sobre O Mundo Poderia Ser Diferente

"Precisamos ser lembrados e relembrados de entrar em contato com nosso mundo interior, onde é possível encontrar um sentido mais profundo da vida. Este livro, com uma abordagem renovada das seis paramitas, está aqui para fazer esse trabalho. Poderosa e gentilmente, ele nos lembra de não nos perdermos na armadilha do autocentrismo e do materialismo, mas de nutrir nosso impulso espiritual, que quer expandir nosso coração. Sou imensamente grato a Norman por escrever com uma percepção profunda e amor."

Anam Thubten, autor de Abraçando
Cada Momento e A Magia do Despertar.

"Budistas são frequentemente céticos em relação à palavra *imaginação*, interpretando-a como fantasia. Mas Norman Fischer, em seu novo livro, O Mundo Poderia Ser Diferente, deixa claro que imaginação é o potencial bruto, a própria fonte de inspiração, criatividade e encanto que reside no coração de uma vida espiritual plenamente integrada. Ele nos guia com precisão e habilidade no caminho das seis perfeições (paramitas), usando a imaginação como força edificante, que liga nossas fragilidades humanas ao anseio do nosso coração por perfeição. E combina esses ensinamentos inspiradores com práticas diárias fundamentadas. Este livro é uma fonte de renovação para qualquer pessoa que queira ir além da complacência e da rotina, para considerar possibilidades maravilhosas em abundância."

Rodney Smith, autor de Tocando o Infinito:
Uma Nova Perspectiva sobre os Quatro
Fundamentos da Atenção Plena de Buda

CB064151